インターンシップ実践ガイド
大学と企業の連携

日本インターンシップ学会東日本支部 監修
折戸晴雄・根木良友・山口圭介 編

玉川大学出版部

まえがき

　1997年の「教育改革プログラム」（文部省、現文部科学省）及び「経済構造の変革と創造のための行動計画」（閣議決定）などを踏まえて、同年9月に発表された文部省、通商産業省（現経済産業省）、労働省（現厚生労働省）が共同で作成した「インターンシップ推進に当たっての基本的考え方」を端緒とするわが国のインターンシップは、これまで約20年近くにわたって、さまざまなかたちでの普及・促進が図られてきました。そのため、「インターンシップ」という言葉は、近年、社会において広く認識されるようになりました。

　しかしながら、インターンシップの更なる普及・促進が強く叫ばれ、インターンシップに対する新たな期待が生じていることも事実です。たとえば、2013年の「第2期教育振興基本計画」（閣議決定）には、「社会的・職業的自立の基盤となる基礎的・汎用的能力を育成するとともに、労働市場の流動化や知識・技能の高度化に対応し、実践的で専門性の高い知識・技能を、生涯を通じて身に付けられるようにする」ため、「インターンシップの実施状況の改善」の必要性が示されています。さらに、2015年の「日本再興戦略 改訂2015 —未来への投資・生産性革命—」（閣議決定）においても、「インターンシップの単位化、数週間にとどまらない中長期のインターンシップ等を実施している大学等の取組を促進する」こと、「有給インターンシップや中小企業へのインターンシップについても、産学の連携により推進する」ことが記されています。これらに代表されるインターンシップへの新たな期待は、インターンシップに参加する学生数やインターンシップを単位化する大学数の増加にも明確に現れています。

　本書は、このような"新たな期待"に応えることをねらいとして編集されました。近年のインターンシップの場は、企業だけでなく、公官庁や学校、諸団体など、幅広い分野に及んでいます。これらの場において展開される細分化されたインターンシップの動向を横断的・包括的にとらえられることは、これからのインターンシップの進むべき方向を探る上で不可欠なことがらと言えるでしょう。そのため、本書では、インターンシップの現状とわが国の特色あるインターンシップの取り組みを明らかにするとともに、さまざまな場において展開されるインターンシップの事例を「各大学におけるインターンシップの取り組み状況」と「企業等におけるインターンシップの受入状況」という2つの観点から取り

上げました。加えて、本書では、インターンシップへの"新たな期待"に応えるための前提とも言うべきインターンシップの意義と事前・事後指導のあり方についても取り上げました。これらの考察は、今日のインターンシップへの"新たな期待"に応えるためには不可欠なものであると同時に、今後のインターンシップの可能性を探るうえでも、貴重な手がかりを与えてくれるはずです。

さらに、本書には、インターンシップに関する基本用語の解説を収めました。項目には、インターンシップの専門用語だけでなく、関連する研究分野の用語や実務用語も取り入れました。ここで解説されている用語は、いずれも、これまでのインターンシップ研究の成果をフォローアップすることはもちろん、専門的な学修の便宜を図る上でも有意義なものとなるでしょう。

インターンシップにかかわる企業・大学の皆さま、そして、これからインターンシップに取り組もうとしている学生の皆さんにとって、本書が少しでも役立つことを心から願っています。

2017年3月

日本インターンシップ学会 副会長
日本インターンシップ学会東日本支部 支部長
玉川大学観光学部 客員教授
株式会社玉川・オリエンタルコンサルタンツ総合研究所 代表取締役
折戸晴雄

目次

まえがき　2

Part 1　インターンシップの現状 ──── 7
Ⅰ　インターンシップの最新動向 ──── 8
Ⅱ　長期インターンシップを巡って ──── 16
Ⅲ　特色あるインターンシップの取り組み(1) ──── 25
　　駒澤大学キャリアセンター主催のインターンシップ
Ⅳ　特色あるインターンシップの取り組み(2) ──── 31
　　長野県における地域と連携した信州インターン
Ⅴ　特色あるインターンシップの取り組み(3) ──── 35
　　山形大学の低学年向けインターンシップ

Part 2　インターンシップの事例Ⅰ ──── 45
各大学におけるインターンシップの取り組み状況
　①愛知東邦大学（人間学部）　　　⑦獨協大学（外国語学部）
　②青森中央短期大学（食物栄養学科）⑧新潟大学（法学部）
　③嘉悦大学（ビジネス創造学部）　⑨文教大学（情報学部・国際学部・
　④工学院大学（全学部）　　　　　　経営学部）
　⑤玉川大学（教育学部）　　　　　⑩ものつくり大学（技能工芸学部）
　⑥東洋大学（国際地域学部）　　　⑪横浜創英大学（看護学部）

Part 3　インターンシップの事例Ⅱ ──── 85
企業等におけるインターンシップの受入状況
　①株式会社ゼルビア（FC町田ゼルビア）⑦有限会社東郷堂
　②株式会社ディグ　　　　　　　　⑧FREME TRAVEL SERVICES
　③クラブツーリズム株式会社　　　⑨名古屋市名東区役所
　④多摩信用金庫　　　　　　　　　⑩済生会横浜市東部病院
　⑤日本旅行業協会（通称：JATA）　⑪東一の江幼稚園
　⑥橋本産業株式会社　　　　　　　⑫町田市立堺中学校

Part 4　インターンシップの更なる発展に向けて ──── 117
Ⅰ　インターンシップの教育的意義再考 ──── 118
Ⅱ　インターンシップの事前・事後指導について ──── 125

Part 5　インターンシップの基本用語 200 ─────── 133

Part 6　インターンシップの基本資料 ─────── 181
　　　資料 1：体系的なキャリア教育・職業教育の推進に向けたインターンシップの
　　　　　　　更なる充実に関する調査研究協力者会議について
　　　資料 2：インターンシップの普及及び質的充実のための推進方策について意見
　　　　　　　のとりまとめ
　　　資料 3：インターンシップの推進に当たっての基本的考え方
　　　資料 4：「インターンシップの推進等に関する調査研究協力者会議」の設置に
　　　　　　　ついて

あとがき　206
執筆者一覧　207

Part 1
インターンシップの現状

I インターンシップの最新動向

折戸晴雄

1. インターンシップの実施状況

　インターンシップに関する調査は、今日では、さまざまなかたちで実施されているが、ここでは、インターンシップの送り手となる大学等の視点とインターンシップの受け手となる企業等の視点から、インターンシップの現状について、それぞれ明らかにしていく。

　まず、インターンシップの送り手となる大学等の視点からの調査として、2015年に文部科学省が実施した「平成26年度大学等におけるインターンシップ実施状況について」を取り上げる。同調査によれば、2014年度にインターンシップの単位を認定している（教育実習、看護実習、臨床実習等の特定の資格取得に関係するものを含む）大学（学部・大学院）と単位認定はしていないが学生の参加状況を把握・関与している（キャリアセンター等の組織が窓口となっているもの）大学（学部・大学院）の合計は、全体の95.4％にあたる740校であるとされる。また、これらのインターンシップに参加している学生数の合計は、580,365人であり、その参加率は20.7％となっている。さらに、教育実習、看護実習、臨床実習等の特定の資格取得に関係するものを除いたインターンシップの単位を認定している大学（学部・大学院）の数は、大学全体の72.9％にあたる566校となっている（図）。インターンシップを実施する学校数とインターンシップに参加する学生数は増加傾向にあり、単位認定を行うインターンシップの割合も2013年度と比較して、3.1ポイント（24校）増加している。

　次に、インターンシップの受け手となる企業等の視点からの調査としては、株式会社リクルートキャリアの研究機関である就職みらい研究所が2016年に全国の新卒採用を実施している従業員規模5人以上の企業4,050社を対象に実施した調査結果を取り上げることにする。同調査に

I　インターンシップの最新動向

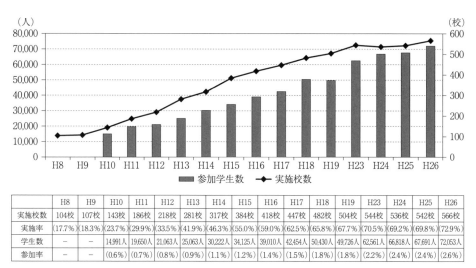

	H8	H9	H10	H11	H12	H13	H14	H15	H16	H17	H18	H19	H23	H24	H25	H26
実施校数	104校	107校	143校	186校	218校	281校	317校	384校	418校	447校	482校	504校	544校	536校	542校	566校
実施率	(17.7%)	(18.3%)	(23.7%)	(29.9%)	(33.5%)	(41.9%)	(46.3%)	(55.0%)	(59.0%)	(62.5%)	(65.8%)	(67.7%)	(70.5%)	(69.2%)	(69.8%)	(72.9%)
学生数	-	-	14,991人	19,650人	21,063人	25,063人	30,222人	34,125人	39,010人	42,454人	50,430人	49,726人	62,561人	66,818人	67,691人	72,053人
参加率	-	-	(0.6%)	(0.7%)	(0.8%)	(0.9%)	(1.1%)	(1.2%)	(1.4%)	(1.5%)	(1.8%)	(1.8%)	(2.2%)	(2.4%)	(2.4%)	(2.6%)

図　大学（学部・大学院）におけるインターンシップ実施校数・参加学生数の推移
（単位認定を行うインターンシップであり、特定の資格取得に関係しないもの）

表　従業員規模及び業種、地域別インターンシップの実施（予定）状況（%）

		2014年度		2015年度		2016年度	
		N	実施率	N	実施率	N	実施率
	全体	1,129	49.9	1,113	59.5	1,131	61.1
従業員規模	300人未満	270	32.6	269	40.1	272	41.5
	300～999人	415	48.9	419	59.2	416	60.8
	1000～4999人	350	58.6	351	69.8	351	70.9
	5000人以上	94	71.3	94	77.7	92	82.6
業種	建設業	97	55.7	96	63.5	96	63.5
	製造業	392	47.7	397	57.7	395	59.2
	流通業	231	48.8	229	59.4	229	62.0
	金融業	112	65.2	112	70.5	112	69.6
	サービス・情報業	297	47.5	299	56.5	299	58.9
地域	関東	437	48.0	478	60.9	479	60.8
	中部	216	50.0	214	60.3	215	62.8
	近畿	179	48.6	180	53.9	177	56.5
	その他地域・計	261	54.0	261	60.2	260	63.5

よると、新卒採用を実施している企業のうち、2015年度にインターンシップを実施した（予定含む）企業の割合は59.5%、また、2016年度に実施予定の企業の割合は61.1%とされる。これを、従業員規模、業種、地域別に見た詳細は、表のとおりであるが、企業におけるインターンシップの実施状況は、従業員規模、業種、地域の別なく、おおむね増加傾向にあると言える。

その一方で、インターンシップの実施期間（主なもの）については、2014年度では「1週間以上2週間未満」、2015年度では「1日」、2016年度（予定）では「1日」が最も多くなっている。また、2016年度において、受入人数を「増やした／増やす予定）」と回答した企業は35.3%、対象者を「広げた／広げる予定」と回答した企業は19.0%、期間を「増やした／増やす予定」と回答した企業は18.9%、回数を「増やした／増やす予定」と回答した企業は30.59%、となっている。これらの割合は、2015年度の結果と比較すると、減少傾向を示している。

これら2つの調査結果から、インターンシップの普及・促進については、インターンシップの送り手となる大学等の視点から見ても、インターンシップの受け手となる企業等の視点から見ても、現時点において、一定の成果を遂げていると言うことができる。

2. インターンシップへの新たな期待と今日の課題

このことは、1997年の「教育改革プログラム」（1月：文部省）及び「経済構造の変革と創造のための行動計画」（5月：閣議決定）などを踏まえて、同年9月に発表された文部省（現文部科学省）、通商産業省（現経済産業省）、労働省（現厚生労働省）が共同で作成した「インターンシップ推進に当たっての基本的考え方」を端緒とするインターンシップの普及・推進へのさまざまな取り組みが、今日まで、約20年近く継続的に行われてきたことを考えれば、当然のことであるのかもしれない。いわゆる「3省合意ペーパー」とも言われるこの取りまとめにおいて、インターンシップは、「高等教育における創造的人材育成に大きな意義を有するとともに、新規産業の創造等を通じた経済構造の改革につながる」重要なものと位置付けられ、人材育成における大きな役割を与えられてきた。文部科学省による「インターンシップ・ガイドブック」（1998～2000年）や「インターンシップ・リファレンス」（2008年）の作成、経済産業省による「成長する企業のためのインターンシップ活用ガイド（ノウハウブック）」の作成を始めとするさまざまな施策に後押しされ、近年、「インターンシップ」という言葉は、社会において広く認識されるものとなった。

しかしながら、その一方で、インターンシップの更なる普及・促進が強く叫ばれ、インターンシップへの新たな期待が生じていることも事実である。わが国を取り巻く経済的・社会的な目まぐるしい変化への対応

が迫られるなか、インターンシップの意義や重要性がますます明確化され、インターンシップへの期待は、より高く、強いものとなっている。たとえば、2013年の「第2期教育振興基本計画」（閣議決定）では、「社会的・職業的自立の基盤となる基礎的・汎用的能力を育成するとともに、労働市場の流動化や知識・技能の高度化に対応し、実践的で専門性の高い知識・技能を、生涯を通じて身に付けられるようにする」ため、「インターンシップの実施状況の改善」の必要性が示されている。さらに、2015年の「日本再興戦略 改訂2015 ―未来への投資・生産性革命―」（閣議決定）においても、「インターンシップの単位化、数週間にとどまらない中長期のインターンシップ等を実施している大学等の取組を促進する」こと、「有給インターンシップや中小企業へのインターンシップについても、産学の連携により推進する」ことが記されている。このようなインターンシップへの新たな期待は、近年のインターンシップに参加する学生数の増加やインターンシップを単位化する大学数の増加などにも明確に現れている。

　ところが、現時点において、このようなインターンシップへの新たな期待に応えるための体制が十分に整えられているとは言い難い状況にある。確かに、わが国を取り巻く経済的・社会的な変化への対応は、常に課題とされることがらであるが、より根本的な課題は、インターンシップの送り手となる大学等のインターンシップに対する理解、そして、インターンシップの受け手となる企業側のインターンシップに対する理解の不十分さの克服である。

　実際、インターンシップの普及・促進を加速化するためには、大学等の教育機関にインターンシップを推進することのできる専門的な人材を確保することが不可欠であるとの主張は、これまでも繰り返されてきた。しかしながら、今なお、インターンシップ本来の意義や重要性、さらには、学生の適性やニーズが十分に把握されていなかったり、インターンシップの受入企業等を独自に開拓することができず、俗人的なチャンネルに頼りがちであったりする教育機関も少なくない。すなわち、「学内に専門人材がいない」「教職員は兼務で担当するため身が入らない」などの理由から、大学等のインターンシップに対する理解を十分に深めることが困難な状況が、未だに多く見受けられるのである。このことは、インターンシップへの新たな期待に応えるための体制を整備していくうえで、より深刻な課題となる。確かに、理学部や工学部などでは、自立した研究者として学生を有給で受入、相応の成果を収めているケースも

見られる。しかしながら、多くの学部では、無給での受入が前提とされ、十分な成果を収めることのできないケースが多々存在する。

　加えて、企業等のインターンシップに対する理解もまた、必ずしも十分なものとは言えない状況にある。インターンシップは、確かに、優秀な人材との出会いや大学・学生へのPRなど、企業にとっても一定のメリットのある取り組みである。しかしながら、たとえば、日本経済団体連合会の「『採用選考に関する指針』の手引き」にも記されているとおり、企業が「インターンシップは、（中略）社会貢献活動の一環として位置付けられるもので（中略）その実施にあたっては、採用選考活動とは一切関係ないことを明確にして行う必要がある」と言う前提に立つとするならば、インターンシップのプログラムの策定や実施に向けて、多くの人材や費用、時間を割くことに抵抗をもつ企業等は少なくないであろう。もちろん、外資系の企業やベンチャー企業などの一部は、採用を意識したインターンシップを積極的に実施しているが、このような場合においても、企業等の負担感は拭えない。このことは、これまでのインターンシップの普及・促進が企業等の都合によって、進展したり、後退したりしているという事実からも端的に伺い知ることができるであろう。確かに、わが国におけるインターンシップは、多くの場合、企業等における社会的な責任や教育的な観点から行われるべきものとしてとらえられてきた。しかしながら、このような認識は、インターンシップを受け入れる企業等の思惑と必ずしも一致するものではない。すなわち、インターンシップに対する企業等の適切な認識は、あくまでも企業等の献身的な努力と配慮によって実現されるものなのである。

3. インターンシップの更なる普及・促進に向けて

　わが国におけるインターンシップの普及・促進のこれまでの取り組みは、量的な観点においては、確かに、大きな成果をあげている。しかしながら、質的な観点においては、今なお、多くの課題を残していると言わざるを得ない。このような状況を踏まえ、文部科学省では、インターンシップへの参加者数の増加、学生の参加に対する大学等の組織的・積極的な関与や把握、単位化の推進などを進めるため、国立大学法人運営費交付金・私立大学等経費補助金等による支援や地方創生推進交付金（新型交付金）などの金銭的支援を行い、大学等におけるインターンシップの推進を後押ししている。また、経済産業省でも、同様の視点から、

産学官が一体となった人材育成に取り組み、地域の企業、大学等の教育機関、自治体が構成する連携組織の整備など、地域におけるインターンシップの普及・推進への支援を積極的に行っている。これらは、インターンシップの送り手となる大学等のインターンシップに対する理解、そして、インターンシップの受け手となる企業側のインターンシップに対する理解を深めていくための、有意義な取り組みであることは疑う余地もない。しかしながら、インターンシップの更なる普及・促進に向けて、もう1つ、欠くことのできない課題がある。それは、インターンシップの主役となる学生のインターンシップの意義に関する理解を深めるという課題である。

　インターンシップをもっとも単純にとらえれば、それは、学生が就職前に、座学だけではなく、職業現場で仕事の体験をすることに他ならない。すなわち、インターンシップとは、送り手となる大学等と受け手となる企業等が学生を媒介として、互いに連携し合うことによってはじめて成立するものと言える。このような意味において、インターンシップをとらえるのであれば、インターンシップの普及・促進の鍵は、学生のインターンシップの意義に関する理解にあると言うことができる。なぜならば、インターンシップの送り手となる大学等のインターンシップに対する理解、そして、インターンシップの受け手となる企業側のインターンシップに対する理解の不十分さは、学生のインターンシップの意義に関する理解の不十分さへと収斂されるものであると同時に、学生のインターンシップの意義に関する理解の不十分さから拡散されるものとしてとらえることができるからである。事実、送り手となる大学等と受け手となる企業等は、ともに、学生に対してインターンシップの意義を直接伝えることのできる立場にある。それと同時に、大学等と企業等は、個々の学生の思いや意図にもとづいたインターンシップを構築することのできる立場にもある。

　このことは、学生のインターンシップの意義に関する理解を深めるための大学等における教育内容（事前・事後指導など）と企業等におけるプログラム（体験の内容や方法など）が、更なるインターンシップの普及・促進において、きわめて重要な役割を果たすものであることを示唆している。なぜならば、これらは、学生にとってのインターンシップの意義に関する理解を大きく左右するからである。これと同じく、忘れてはならないことは、インターンシップ以外の学生の学びもまた彼らのインターンシップの意義に関する理解を深めるための重要な役割を果たす

ものとしてとらえられなければならないと言うことである。たとえば、大学等がインターンシップをキャリア教育との関連においてとらえることによって、インターンシップは、単なる職業体験としての意味だけでなく、学生の能動的な学習を促進したり、自立の意識を向上させたり、将来の職業選択を導いたりするなどの包括的・複合的な意味を有するものとなる。インターンシップに対するこのような認識は、必然的に学生の学修生活全般に影響を与えるものとなる。そして、このことによって、学生は、インターンシップを大学等によって準備された特定の科目やプログラムとしてではなく、自らの適性や将来の生き方を考えるための貴重な機会としてとらえることが可能になるのである。さらに、企業等がインターンシップを単なる自社の思惑を実現するための機会としてとらえるのではなく、学生の就業意識の向上や自社の認知向上、さらには、指導に当たる若手社員の意識の向上、職場の高齢化に伴う環境の変化による意識の改善、地元大学との交流の促進、企業全体の活性化などの包括的・複合的な概念としてとらえることによって、学生は、インターンシップを企業等によって準備された選抜機能としてではなく、自らの適性や将来の生き方を考えるための貴重な機会としてとらえるようになるであろう。

　このようなかたちで、インターンシップの送り手となる大学等のインターンシップに対する理解、そして、インターンシップの受け手となる企業側のインターンシップに対する理解を深め、その成果にもとづいて、インターンシップを構築することによって、学生のインターンシップの意義に関する理解をより確かなものとしていくことが、インターンシップの更なる普及・促進のためには、ぜひとも必要である。これと併せて、キャリア教育の充実を図ることも、学生のインターンシップの意義に関する理解をより確かなものとする上で、きわめて重要なことがらとしてとらえられなければならない。それは、今日のキャリア教育が、単なる進路指導・職業指導の枠組みに留まるものではなく、産業構造や就業構造の急激な変化、子ども・若者の変化等、社会全体を通じた構造的問題の解決を目指すものであること、そして、小学校から大学に至る各々の段階において、進路・職業を選択し、以後の社会生活に適応し、自己実現できるようにするための資質能力の形成を支援する総合的な教育活動としての意味をもつことからも端的にうかがい知ることができる。

参考文献・資料

- 文部科学省・厚生労働省・経済産業省「『インターンシップの推進に当たっての基本的考え方』の見直しの背景及び趣旨について」(2014年)。
- 文部科学省「平成26年度大学等におけるインターンシップ実施状況について」(2016年)。
- 日本私立大学団体連合会「地方創生に向けた私立大学の役割―わが国の永続的発展のために―」(中間報告、2015年)。
- 公益社団法人経済同友会「2014年度提言の実践活動による『望ましい枠組み』のインターンシップ実現に向けた活動報告」(2016年)。
- 一般社団法人日本経済団体連合会「採用選考に関する指針」(2015年)。
- 経済産業省「インターンシップ等による産学協働教育のための連携基盤構築に関する調査」(2015年)。
- 田中寧「コーオプ教育の歴史と現状、および、日本における展開とその課題」(『高等教育フォーラム』第3号、2013年)。
- 折戸晴雄・服部治・横山皓一『インターンシップ入門――就活力・仕事力を身につける』(玉川大学出版部、2015年)。
- 特定非営利活動法人産学連携教育日本フォーラム『インターンシップ／産学連携教育白書』(NPO法人WIL、2005年)。
- 中央教育審議会「個人の能力と可能性を開花させ、全員参加による課題解決社会を実現するための教育の多様化と質保証の在り方について(答申)」(文部科学省、2016年)。
- リン・オールソン、渡辺三枝子・三村隆男訳『インターンシップが教育を変える―教育者と雇用主はどう協力したらよいか』(社団法人雇用問題研究会、2000年)。
- 笹川孝一『生涯学習社会とキャリアデザイン』(法政大学出版局、2004年)。.
- 就職未来研究所「就職白書2016―インターンシップ編―」(株式会社リクルートキャリア、2016年、https://www.recruitcareer.co.jp/news/2016/02/16/20160216_02.pdf、2016年12月31日最終閲覧)。
- 文部科学省「キャリア教育の推進に向けて―児童生徒一人一人の勤労観、職業観を育てるために―」(2005年、http://www.mext.go.jp/a_menu/shotou/career/05062401.htm、2016年12月31日最終閲覧)。

Ⅱ 長期インターンシップを巡って

大島愼子

1. はじめに

　インターンシップとは、学生が在学中に企業や団体・機関での就業体験を行う制度であり、日本においては、1990年代末以降、高等学校、専門高等学校（高専）、大学、大学院で普及しており、キャリア教育の一環としてとらえられている。昨今、若年層の雇用ミスマッチが指摘され、職業観の醸成不足から就職が決まらないまま卒業する、また早期離職する若者が増加している。これは企業にとって中長期的な競争力や生産性低下をもたらすものであり、その改善のため、「学校から職場・社会への円滑な移行」の一手段として、インターンシップが推進されてきた。そして、2012年6月、政府で取りまとめた若者雇用戦略のなかに、長期インターンシップの推進が盛り込まれている。日本ではインターンシップを「学生が一定期間、企業の中で研修生として働き、自分の将来に関連のある就業体験を行える制度」として理解されている。これは米国で使用される「Internship：企業が主催し、学生を募集し、採用につなげるもの」と、「Co-op program：大学と企業が提携し、大学教育の一環として行うもの」の2つの意味が混在して使用されることが、日本のインターンシップのあり方を複雑化している。

　2014年に改訂された文部科学省・厚生労働省・経済産業省「インターンシップの推進に当たっての基本的考え方」では、大学生にとってインターンシップの教育目的の明確化や、多様な形態のインターンシップ 教育的効果の高い長期・有償型インターンシップの大学での実践報告の必要性、大学が積極的にインターンシップに関与し、教育効果を高めることの必要性が謳われている。これを受けて、大学院生や技術系、研究開発、起業関連で長期インターンシップを導入している大学はあるが、実際のカリキュラム上で、学部生に中長期インターンシップの制度

を活用するのはまだ現状では、困難がある。

　この章では、ドイツ企業で長期インターンシップ受入経験があり、現在は教員として人材育成にかかわる筆者の立場から、長期インターンシップを推進するドイツの実例を紹介し、現在の日本の長期インターンシップの可能性と、将来の普及の方向性を提言する。また、筆者が所属する筑波学院大学では、地域連携活動として1年次、2年次の必修科目として企業や自治体で働くプログラムを10年以上継続しており、現在は就業力養成と長期インターンシップを模索している状況を紹介する。

　文部省・通商産業省・労働省（いずれも当時）の「インターンシップ導入と運用のための手引き」（2009年7月）によれば、高い実習効果を得るために必要な期間を企業と大学に質問したところ、約7割の大学、約6割の企業が1か月以上の期間が必要と回答しているが、実際の実施期間では、1か月以上の長期は1割に満たない（注1）。つまり、長期インターンシップの有効性は認識されていても普及していないのが実情であり、平均的には2週間以内が8割である。学生がいかに大学在学中の早期から自分の適正や潜在能力に開眼し、自らの目標にあった教育を受けられるように導くかは大学のキャリア教育の重要な課題である。多くの大学にとっては、就職率が入学者確保に影響することもあり、産業社会でのエンプロイアビリティ（Employability：被雇用能力）を高めてゆくかが問われ、従来の学問体系に従った高等教育だけでは、ユニバーサル化した今日では対応できなくなっている。

2．ドイツ企業における長期インターンシップ制度

　日本におけるインターンシップは、大学生に対して短期間で行う就業体験のイベント的な印象があるが、欧米企業では新卒者の中からエリート層を選抜するための手段である。インターンシップの由来は、ドイツのデュアルシステム（Dual System）、すなわち学術教育と職業教育を同時に履修する二元制度の教育が基本と言われており、実践的なことを民間企業や公共事業体等の実際の職場で習い、理論的なことを職業学校で習い、実践と理論を統一させる教育である。期間は3か月から1年に及ぶ。

　ドイツのデュアルシステムは、13世紀頃の徒弟制度から発展した18世紀の職業学校の理念として、ドイツ系移民により19世紀に米国にもたらされ、1906年にシンシナティ大学学長ハーマン・シュナイダーに

よって「どの職業にも、講義ではなく、実際の仕事場でしか学べないものがある。実務を経験することによって培われた判断が理論を補う。」という理念が提唱され、Cooperative Education が米国に導入された。これが現在のインターンシップの理念の原型であり、米国のキャリア教育（Co-op 教育）はその 100 年の歴史の中で、インターシップを行う際に必要不可欠となる実施企業・大学・政府・学生それぞれの役割と利点の理解、さらに社会的意義についての認識を育んできた。

さて、具体例として筆者の実務経験からドイツ企業の事例を紹介する。筆者はルフトハンザ ドイツ航空の本社と日本支社に長年勤務したが、日本支社は、特に 90 年代後半にはドイツの大学から長期インターンシップを受け入れていた。インターン（研修実習生）は夏を中心に 6 か月から 1 年にわたり来日し、就業体験とともに、休日には調査活動を行い、学位取得のために論文執筆を行っていた。ドイツの多くの企業がインターンシップ経験者を優先して採用する、また、「海外での企業インターンシップ」経験を高く評価する経営方針を掲げており、これはインターンにメリットもあるが、企業にとっては、「無給の労働力」としての活用するメリットがあり、インターンシップはドイツ経済にとっての重要な貢献ととらえており、国や地方自治体の補助で、企業に負担がなく行われることが多いのである。

ドイツには総合大学（Universität）と専門大学（Fachhochschule）があり学費は無償に近い。総合大学では教育課程の構成が管理職の理論的分野の養成を主眼としており、専門大学における教育課程は職業現場でのマネジメント業務を対象としている。そのため、総合大学からのインターンには、企業側が論文指導を行う場合もある。インターンシップは、職業経験を積むだけでなく、博士号を取得するために、企業側から実習と実験の場が提供されているという認識である。企業としてインターンを受け入れると、日本のように公に採用試験を行うのではなく、インターンシップを通じた評価と大学の成績評価、専攻分野及び心理テストにより分析力、リーダーシップ能力を見て採用することが多い。ドイツでは学位とポストが連動しているため、大卒は、新入社員であってもマネージャーに相当する職位につくことがある。

前述の日本支社で受け入れたインターンは、日本における生活費は国の補助であり、企業側からは日本の居住地から会社までの交通費を支払っていた。専門大学の学生は、空港や予約業務等の現場を体験することで、帰国後には即戦力として入社の可能性があり、総合大学の学生は営

業戦略本部などを経験して、学位取得を目指していた。つまり、専門大学の学生は、企業への就業を目指して特定の業界で実務経験を積む傾向にあり、総合大学の学生は、博士号取得を目指してインターンシップを行い、企業の企画、戦略部門に配属されることが多いという印象である。尚、1999年のボローニャ宣言（注2）のあと、EUの大学はエラスムス計画（ERASMUS：注3）により学生間の流動と学位の統合が進み、ドイツにおいても専門大学と総合大学の学位認定や研究制度が近づいている。しかしインターンシップのとらえ方は、それほど変わっていない。

　日本では文部科学省自体が行っているインターンシップも夏期及び春期休業中に行う「短期インターンシップ」（7月から9月及び2月から3月）と、学期期間中に行う「長期インターンシップ」（10月から12月）の2種類あるが（注4）長期と言えども期間は1か月ほどである。

　欧米企業で長期インターンシップが可能な理由は、社員が長期休暇を取得するためその間の労働力の確保が必要な状況や、企業内部の各社員の職務内容がジョブディスクリプション（Job Description：職務記述書）により明確化されているからである。ジョブディスクリプションの代表的な記載内容は、責任・権限の範囲、具体的な仕事内容、必要とされる知識・技術、能力資格、であり、管理職になれば、部下の数、連絡・交渉すべき社内外の相手、予算枠の大きさ等も含まれる。長期インターンを受け入れる時は、組織の中での役割を明確にするために、まずジョブディスクリプションを提示してそのポストが何を求められているかを理解させるところから開始する。

　また、欧米企業は通年採用であり、4月1日付で新規採用するわけではない。そして企業のインターンシップは学部生だけでなく、27歳くらいまでの院生を受け入れる。日本のように大学生にむけて就活フェアや合同企業説明会が開催されることはないため、インターンシップは学生にとって自分の職業選択の重要な手段である。企業はインターンシップが企業の経済的成功に寄与すると理解し、学生は未来への投資と位置付けているのである。

3．日本における長期インターンシップの類型

　長期インターンシップ受入が可能な業界に関して、筆者が所属する日本広報学会、一般社団法人日本パブリックリレーションズ協会の会員有志にメールで調査したところ、3か月以上の受入は可能であろうと回答

したのは、宿泊業（ホテル）、テーマパーク、飲食業、印刷業であった。サンプル数が少ないので一概には言えないが、作業が分化され、期待されるスキルが明確な業界のみが長期インターンシップが可能なのである。

　企業側にインターンシップを受け入れる目的を聞いたところ、社員の補助的業務、アルバイトやパートの業務の一部を体験させるなど、の回答であった。商社や製造業の複数企業にインターンを受け入れる目的を聞いたところ、学生の就業意識向上のための社会貢献、学生の職業適性理解を図る社会貢献、就業体験希望学生への機会提供など、社会貢献的な理由が多く、卒業後の採用を視野に入れた回答は皆無であった。地元の飲食業のチェーンでは、長期アルバイトで優秀な学生を正社員として登用する意向との回答であり、長期インターンシップ及び有償インターンシップの理解を醸成する必要がある。

　文部科学省の指針（注5）によれば、「大学教育の一環として位置付け、積極的に関与すること」、また、「インターンシップと称して就職・採用活動開始時期前に就職・採用活動そのものが行われることにより、インターンシップ全体に対する信頼性を失わせるようなことにならないように留意すること」とあるが、インターンシップはあくまで教育であり、実際の就職活動や採用活動につなげるようなことは本来の目的ではないという意図がうかがえる。

　経済産業省発行の、「成長する企業のためのインターンシップ活用ガイド基本編」によれば、短期インターンシップは「体験中心」で、仕事理解型、採用直結型として、自己の適性・志向の理解と働くこと・業界の理解をあげており、社会的意義としては、「学校から職場・社会へ円滑な移行」をあげている。

　長期インターンシップの類型で「実践中心」を整理すると表のようになる。この中で、採用直結型は、現在も外資系企業や大手ベンチャー企業で行われている。長期インターンシップの社会的意義は「将来の産業界を担う若者の育成」としている。

　これを見る限り、国が長期インターンシップを定着させるために教育機関と企業側に双方のメリットを強調し、啓蒙する努力が理解できる。しかし、まず学生が社会人として経済的に自立するために自分がどのような職業人生を歩み、どのような社会を創りたいかという自己の将来像をもつために、初等教育からキャリア教育を開始し、大学入学の18歳頃には職業観や自分の方向性に目覚めていないと、効果的な長期インターンシップは望めない。大学全入の時代と言えども、現状では高等学校

表 インターンシップの類型

区分	特徴	学生の教育効果	企業のメリット
体験中心（数日〜数週間が多い）			
仕事理解型	1〜2週間程度の職場・業務体験が中心。最後にレポートやプレゼンによる報告を実施することが多い。	自己の適性・志向の理解 働くこと・業界の理解	企業・業界広報 ↕ 採用マッチング
採用直結型	実際に一緒に働いてみてお互いを見極める採用活動の一環。外資系企業や大手ベンチャー企業などで実施。		
実践中心（数週間〜数か月が多い）			
業務補助型	普通のアルバイトでは経験できないような企業の業務に取り組む。期間は1か月以上	社会人基礎力	若者を活用した業務の推進
課題協働型	会社と大学を往復して課題発見や企画立案に取り組む。大学と企業を往復して課題発見や問題解決をする。グループワークが多い。	社会人基礎力 ＋ 学びの実践	若者の発想の活用・社内活性化
事業参画型	企業の新規事業や変革プロジェクトの一員として業務に取り組む。期間は1か月から半年間の長期が多い。	社会人基礎力 ＋ リーダーシップ	若者を活用した推進新規事業などの推進

出典：「成長する企業のためのインターンシップ活用ガイド基本編」（経済産業省、2013年）

までは受験に追われ、大学に入学した学生は卒業にむけて単位を取得し、サークル活動を行い、学費や生活費の負担を軽減するためにアルバイトを行う。長期インターンシップの機会が与えられたとしても、あくまで教育の一環とみなされて採用に直結されない場合は、就職活動を開始して新卒採用を目指さねばならないという物理的制約を解決する必要がある。

　長期インターンシップは有償か無償かという議論がある。短期インターンシップであっても、首都圏の大学の学生であっても、都心の企業に通う場合の交通費、それが長期となれば、学生の経済負担は大きい。企業側もアルバイトであれば雇用契約であり交通費を支給するが、研修者は無給のイメージがあり、大学が単位を与えたとしても、交通費負担を官産学のどこかが負担すべきなのである。

また本学の事例では、飲食チェーンやスーパーで長期にわたりアルバイトをしている学生がその企業から採用を打診されても、当人は商社が希望であるという場合がある。反対にアルバイトを継続してそれなりに評価されていても、実際にエントリーすると不採用になる場合もある。企業が有償のインターンシップをアルバイト人材の代替と考えるような事態だけは避けたいものである。

4．筑波学院大学の取り組み

　筆者の所属する筑波学院大学は、インターンシップは、2005年より自由選択科目として2週間の活動で2単位が取得できる制度を開始し、現在は、3年次の選択必修科目である。また筑波大学と連携して「つくばインターンシップコンソーシアム」を組織し、地域企業のインターンシップを継続してきたが、茨城県が2015年度の国の「インターンシップ等を通じた教育強化に向けた財政支援策」として「産業界のニーズに対応した教育改善、充実体制整備事業」に採択されたため、2016年からは茨城県内にキャンパスをもつ13大学1高専のコンソーシアムとして県内インターンシップの活性化と協働を図っている。

　また、コンソーシアムとは別に、2005年に開始した「OCP：オフ・キャンパス・プログラム」は、当初は学生が市民としての自覚をもつために、教室の講義だけではなく、「つくば市をキャンパスに」という標語のもとに学生が地域に出て、自治体、企業、NPOなどで社会活動を行う必修科目で12年継続している。これはインターンシップではなく、社会に貢献する意欲である「社会力」を養成する目的であり、2006年度文部科学省の現代GP（現代的教育ニーズ取組支援プログラム）に採択されている。この内容は、1年次では、キャリア支援基礎として自分をふりかえることで将来の望ましい自己像を描き、学内外の活動を計画・立案し社会参加活動を12時間、2年次の実践科目Bは県内各地をフィールドにして社会活動に30時間以上参加し、まちづくりに貢献する、3年次は自主企画をたて、60時間活動を実践するものであった。企業やNPOとは大学の「社会力コーディネーター」という役割の教員が学生とのマッチングを行い、1年、2年はクラス担任が履歴書や学生のポートフォリオ作成や活動報告を指導、3年は活動分野別に教員が指導する体制であった。学外の協力団体は100団体近くが現在でも協力を続けている。社会力は経済産業省の提唱する社会人基礎力と通じるもので、大

学の教室における学習をOCPとして学士力を養成するものとしていた。すでに10年以上の歴史がある取り組みであるが、この間、学内では常に議論が継続していた。

学生にとっては、アルバイトの目的は収入確保、インターンシップは職業体験、ボランティア活動は社会貢献で、OCP活動は大学教育の一環として社会体験することによる自己研さんであると目的は明確であるが、受入団体にとっては、地域の学生を地域企業（自治体、団体）で育成する、次世代の担い手を育成する手段であるという意識が強い。一方、教員側には、OCP活動は教育の形としては望ましいものであり、学生アンケートでも市民アンケートでもOCPは評価されているが、就業力育成や海外研修に更なる時間を割くべきという意見もある。

現在は長期インターンシップを視野に入れて、1年次は従来通りキャリア支援を視野に入れた指導と社会参加活動12時間、及び2年次は社会参加活動60時間を必修で8単位とし、3年次は業界研究、海外研修、インターンシップを選択必修としている。このインターンシップも2016年からは地域企業と3か月の契約を結びプロジェクトベースの活動を試行錯誤で行っている。

5．長期インターンシップへの提言

企業が新卒採用を続ける限りにおいては、長期インターンシップは採用直結型で試用期間として週何日か勤務して3か月ほど継続する体制を整えることが望ましい。また、研修と言えども交通費が支給されることが必要である。欧米企業と異なり、日本企業は専門職よりもジェネラリストを採用するため、企業が対応できる部署だけではなく、メーカーならば製造現場から流通関係、ホスピタリティ産業ならば、調達から接客現場まで幅広く体験させることが必要である。これは企業側には、将来雇用可能な人材を見極めるという姿勢が必要で、インターンシップを単なる社会貢献ととらえるのは問題である。一方、大学側には、各大学の教育理念にかかわる問題がある。欧米の大学、特にアメリカの大学は就業力Employabilityだけでなく、市場価値の高いMarketableな人材輩出を標榜する。このような考え方を理解して協力可能な学内体制を整えることが長期インターンシップ成功の道である。

注

1　株式会社リクルート「就職白書 2012」。
2　ヨーロッパ高等教育の学位認定の質と水準の整備のため 29 か国の教育相により宣言され、後にボローニャプロセスには 49 か国が調印。
3　ERASMUS（European Region Action Scheme for the Mobility of University Students）は、EU における学生の流動化の促進を目指すもので EU 生涯学習計画（2007〜2013 年）における主要事業。また欧州連合の主導による高等教育運営の枠組みとなっている。
4　文部科学省「インターンシップ情報」(http://www.mext.go.jp/b_menu/internship/index.htm、2016 年 1 月 18 日参照)。
5　文部科学省「インターンシップの推進に当たっての基本的考え方」(平成 26 年 4 月 8 日一部改正)。

Ⅲ 特色あるインターンシップの取り組み（1）
駒澤大学キャリアセンター主催のインターンシップ

菊原武史

1．はじめに

　本稿の目的は、駒澤大学のキャリアセンターが主催するインターンシップについて、概要及びその特色を紹介することである。

　まず、筆者の所属する駒澤大学について触れておく必要があるだろう。駒澤大学は、「仏教」の教えと「禅」の精神を建学の理念、つまり教育・研究の基本とし、開校130年を超える歴史を持ち、都内に位置する私立大学である。文系6学部、理系1学部から成るワンキャンパスの総合大学だ。大学院の設置もあり、7研究科と1専門職研究科を有している。2015年度現在、学生数は学部と大学院を合わせて約16,000名である。

　次に本学のキャリアセンターについて紹介する。本学の事務組織は、大きく教育・研究事務群と学生支援事務群の2つに分かれている。前者は、正課授業にかかわる業務を扱い、後者は、正課外の学生支援を担当している。キャリアセンターは、後者に属し、学生部・国際センター、保健管理センターと並び、正課外でのキャリア支援をメイン業務としている。近年、キャリア教育、インターンシップ等、正課授業との連携も必要とされるように変容してきているが、現在の組織体制では正課授業として扱う内容は、教育・研究事務群の教務部が担当するというように棲み分けがされている。

2．駒澤大学キャリアセンターにおけるインターンシップの取り組み

　1997年、当時の文部省、通商産業省、労働省において、インターンシップのより一層の推進を図るため、インターンシップに関する共通した基本的認識や推進方策を取りまとめた「インターンシップの推進に当た

っての基本的考え方」（3省合意ペーパー）が作成された。それにより、政府、大学等、産業界においては、上記にもとづき、インターンシップが普及・推進された。

そのような状況のなか、駒澤大学では、キャリアセンター主催のインターンシップを 2003 年度から開始している。キャリアセンター主催のインターンシップとは、一般公募ではなく、企業側に駒澤大学の学生対象の受入枠を確保したものを指す。学校推薦と置き換えてもいいかもしれない。

駒澤大学キャリアセンター主催のインターンシップは、「主に2年生対象の春季インターンシップ」と「主に3年生対象の夏季インターンシップ」の2種類ある。ここでは、夏季インターンシップについて触れていく。春季インターンシップは受入企業数と実習生数共に少なく、対象も主に2年生となるので、今回は除外する。

実施初年度は受入企業6社、実習生19名だった。2015年度では240名の学生参加に至る（表1）。

2007 年度から 2011 年度までは受入企業数も 40 社前後で推移してきた（図）。一方、実習生の数は、2007 年度の 151 名をピークに減少傾向にあった。そこで、2012 年度から新規開拓を積極的に行った。

新規開拓の方法は、まずキャリアセンターで 599 社を選定した。その

表1　年度別駒澤大学キャリアセンター主催インターンシップ状況

	募集説明会参加者数	受入企業数	実習生数
2003 年度	不明	6	19
2004 年度	不明	18	57
2005 年度	不明	28	83
2006 年度	不明	34	124
2007 年度	不明	40	151
2008 年度	不明	41	103
2009 年度	不明	42	88
2010 年度	約 500 名	39	79
2011 年度	約 800 名	39	91
2012 年度	約 1,000 名	54	147
2013 年度	約 1,200 名	64	189
2014 年度	2,013 名	67	228
2015 年度	1,338 名	74	240

後、業者に委託して、テレマーケティングを実施した。497社から回答得て、そのうち122社が担当者の説明希望もしくは資料送付希望という結果になった（表2）。

次に駒澤大学キャリアセンター主催インターンシップの具体的な概要について記す。

例年、4月になると、前年度の受入企業に対して、今年度の受入についての打診を行う。駒澤大学の学生受入枠を確保して、受入企業が確定したあと、「インターンシップガイド」を作成している。約40ページの冊子で、受入先の企業・団体情報及びインターンシップの内容を記載している。学生はこの冊子を参考にインターンシップ先を決めていく。冊子はインターンシップ募集説明会で配布している。

インターンシップ募集説明会では、就職支援サイトの方を講師にお招きして、インターンシップ全般の話をしてもらう。それらを踏まえた上で、公募以外の手段として、本学ではキャリアセンター主催のインターンシップがあることを説明する。大学枠のメリットとしては、駒澤大学から確実にインターンシップに参加できることや選考が学内のみとなる

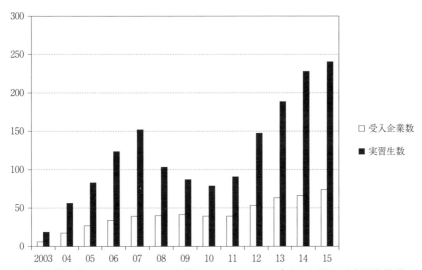

図　駒澤大学キャリアセンター主催インターンシップ受入企業及び実習数推移

表2　テレマーケティングの結果

開拓対象企業数	599社
回答回収企業数	497社
受入検討企業数	122社
受入可能もしくは条件次第で受入可能	39社

ため競争率が低くなることなどがあげられる。逆にデメリットとしては、応募企業が限定されてしまうことだろう。

なお、インターンシップ募集説明会は例年3日間開催していたが、2015年度は2日間の開催となった。それに伴い、説明会の参加者が前年度の2,013名から1,338名へと大幅に減った。しかしながら、実習生の数は増えている。説明会の参加が必ずしも応募者数に比例するわけではなさそうだ。因みに応募者は2014年度と2015年度共に500名前後だった。

インターンシップ募集説明会後の翌週には1次募集を行う。学生は指定の「インターンシップ実習志願書」を記入して提出することになる。A4サイズで1枚の書式となり、自己PRと志望理由の記入欄が設けられている。

所定期間に「インターンシップ実習志願書」を提出した学生は、キャリアセンターで面接を行う。原則、キャリアセンター職員が面接官を務める。一部、学内で企業担当者が面接実施もしくは会社で企業担当者が面接を実施することもある。競争倍率には、偏りが出る。人気の業界・団体には、数名の枠に何十人と応募が殺到することも少なくない。

続いて、1次募集で受入人数に達しなかった企業を対象に、2次募集を行う。今まで2次募集は必ず実施されている。中には、上場企業も残っている。3年生の夏ということもあり、知名度の低い企業や学生のイメージがつきにくい業界は、2次募集まで残っている傾向が高い。反対に、金融、公務員、B to C 企業は、1次募集で枠が埋まっていく。

1次募集、2次募集で受入が確定した実習生は、インターンシップ事前研修会を受講することになっている。

事前研修の内容は、主にマナー講座となる。受入においての心構えからビジネスマナーまでを90分かけて学び実習に臨む。

実習期間や内容は、受入先によって異なっている。ただし、実習期間は本学で定める夏季休暇中となる。大学の授業期間と重なるのを避けるためだ。キャリアセンターが主催である以上、この条件は必須となる。

各自実習後は、インターンシップ事後研修会に参加する。事後研修については、年度によって方法が異なる。受入企業の人事担当者による講演、学生からの報告などが中心となっている。

駒澤大学キャリアセンターが主催するインターンシップでは、さまざまな業界に受入先がある。大きく分けると6種類に分類できる。内訳は「建設・不動産関係」「メーカー・商社・流通関係」「金融関係」「情報通

信関係」「サービス・その他」「公務」となる。

　特色としては、2点ある。1点目は、授業の単位認定とは無関係なことだ。本学では経済学部の専門教育科目の中に「ビジネス・インターンシップa」「ビジネス・インターンシップb」が開講されている。前期「ビジネス・インターンシップa」では、企業や団体で現場の実習を受けるために必要な社会的常識や作法・知識を身につけ、企業等の現場で働くにあたって最低限必要な、社会人としての素養や基礎知識を習得するための準備トレーニングを行う。後期「ビジネス・インターンシップb」では、前期「ビジネス・インターンシップa」で学んだことを前提として、①夏休み以降を利用して3日から1週間程度就業体験を行う。2社以上の研修を行ってもよい。②「インターンシップ実習報告」を授業の際に提出。③「インターンシップ報告集」を作成する。つまり1年間の積み重ねとして、単位認定できるこれらの科目と棲み分けしなければならない。したがって、キャリアセンター主催のインターンシップに関しては、あくまでも単位は認定していない。

　2点目は、学生と企業にとってWin-Winの関係になる可能性が高いことだ。少なくとも、駒大生の枠を確保するということは、就職活動の採用においても、ターゲットの大学としているのではないか。もちろん、インターンシップの目的は就業体験であり、採用には直結しない。とは言え、学生は企業のことを知れ、企業は学生のことを知れる。

　以下の事例は好例ではないだろうか。

■事例（1）

　毎年、1次募集2次募集でインターンシップに応募者がいない企業もある。そのような場合は、キャリアセンター利用者に声をかけることがある。ある専門商社に枠が余っていたので、学生にすすめた。学生も興味を持ち、参加が決定した。

　結果、就職活動では元々受けようと思っていた企業とインターンシップに参加したこの企業から内定を獲得。最終的にはインターンシップに参加した企業を選択する。

　また、学生のキャリア形成にとっての好例を以下にあげる。

■事例（2）

　経済学部に所属し、2年間大学で講義を受けてきたが、漠然と金融関

連の職業には向いていないと感じていた。そこで、証券会社のインターンシップへ参加することで、本当に自分が金融業界に向いていないのか確かめることにした。

結果、やはり金融業界は向いていないと判断し、就職活動では主にメーカーや商社を選択して、B to B のメーカーに進んだ。

3．まとめ

ここ数年インターンシップの受入企業数、実習生数は堅調に伸びてきた。受入企業数に関しては、2012 年の新規開拓以降 70 社以上を担保でき、かつ業界は多岐にわたる。学生の選択肢の幅は広がった。くわえて、インターンシップをきっかけに業界や企業を知り、学生の就職活動やキャリア形成に役立ってきたのではないかと考える。

課題もある。それは実習後のことだ。現状では、事後研修会を開き、一定の振り返り作業を行っている。さらに公募を含めたインターンシップ参加者向けのセミナーも秋に数回開催している。しかしながら、具体的に就職活動において、どのような教育的効果があったか詳しく検証できていない。漠然とした感覚値での実感はある。実習終了後には、キャリアセンターに報告書を提出させている。ただ、報告書は形式的な部分によるところが多い。提出後、目を通して、次年度の「インターンシップガイド」にも抜粋して最低 1 社 1 名のコメントを掲載しているが、十分だとは言えない。

今後詳細に検証していく必要性があるだろう。事前と事後の効果測定で詳らかになることもあるのではないか。

参考文献
- 文部省・通商産業省・労働省「インターンシップの推進に当たっての基本的考え方」(1997 年)。

Ⅳ 特色あるインターンシップの取り組み（2）
長野県における地域と連携した信州インターン

松浦俊介

1．実施概要

　信州インターンは、信州大学上田キャンパス内にあり産学連携支援を行う一般財団法人浅間リサーチエクステンションセンター（AREC）が、中小企業・小規模事業者と学生との顔の見える関係づくりを目的に、「地域中小企業の人材確保・定着支援事業」の一環で主催した。インターンシップの受入企業は、AREC法人会員が中心で、インターンシップに参加する学生は地元の信州大学や長野大学のほか、長野県出身で県外に進学した学生が参加した。インターンシップの内容は実践型で、地域商品のマーケティングリサーチ、販路開拓、企画立案、広報媒体の作成など、会社の事業の一翼を担った。

2．期間・種類

　信州インターンには、夏休みの間にあたる約6週間のサマーインターンと6か月の長期インターンの2種類の実践型プログラムがある。実施期間によってインターンシップで取り組む実習内容が異なる。

3．全体の流れと実施機関の役割

①受入企業の開拓

　文部科学省（2009）は、インターンシップの実施・運用において、受入企業の開拓を最も困難で重要な課題とし、学生の多様化する学問分野に対応するため、幅広い業種・職種の受入先の開拓・確保が求められるとしている。加えて受入枠を確保するだけではなく、インターンシップの実施目的を企業に説明し、共有する必要がある。特に初めてインター

ンシップを受け入れる企業には、インターンシップの目的や効果、全体の流れ、企業の役割やコスト等、丁寧に説明しなければならない。これらの理由で受入企業の開拓が、インターンシップの量と質の両面において非常に大きな影響を与えると言える。その点 AREC は長野県内を中心に 200 社以上の AREC 会員企業があり、コーディネーターを通じて企業の状況を把握しているため、ネットワークを有効に活用することができる。実際 AREC が主催する信州インターンでは、小売業、食品製造業、宿泊業、設備工事業、広告業、教育・学習支援業等幅広い業種の企業がインターンシップ生を受け入れている。

②インターンシッププログラムの設計

インターンシップ生の受入を受諾した企業と、インターンシッププログラムの設計を行う。インターンシッププログラムが単なる雑務に偏らないよう、学生の教育効果と企業ベネフィットに留意し、調整を図る必要がある。AREC では普段の情報交換によって企業ニーズを把握しているため、企業ニーズをもとにコーディネーターがインターンシッププログラムを提案し、質の担保や全体の整合性は取っている。

③学生募集・マッチング

インターンシップを希望する学生の募集では、プログラムの意味や価値、受入企業の魅力を適切に広報し、学生の参加を促すことが重要となる。具体的な広報の方法としては、ウェブサイトを通じた情報提供や、インターンシップ説明会を開催する。またよりよいマッチングを実現するために、コーディネーターは受入先となる企業の状況を深く理解した上で、学生の面談を行う。面談は学生の目的意識や適性を把握するとともに、実施するインターンシップの目的と学生の動機が合致しているかを判断する機会になる。学生が各企業のプログラムの内容を把握せず希望企業を選ぶと、認知している企業や人気の業種など、特定の企業に希望が集中することが考えられる。面談をすることで、学生の目的意識や適性をもとにコーディネーターが企業を紹介することができるため、希望の集中やミスマッチの軽減につながる。

申込にあたり、学生には、志望動機・意欲に加えて、インターンシップのテーマや目標と専攻分野との関連性、具体的な計画等の項目があるエントリーシートを作成することを求める。また企業毎に事前課題を設定し、インターンシップに参加するために有効な知識を獲得してもらう。

コーディネーターは、学生が提出するエントリーシートや事前課題に対して、内容を踏まえた上でフィードバックを行うことで、選考過程を通じた学生教育を行うことができる。

面接は、企業と学生が直接コミュニケーションを取る機会になるので、双方の目的や期待、実習内容を共有し、お互いがインターンシップを実施するかどうか、判断する機会にする。

④事前研修・オリエンテーション

事前研修では、動機付け、目標設定、実践スキルに関する内容を取り扱う。動機付けでは、インターンシップ実施目的の説明と、インターンシップに参加することの意味と目的の確認を行う。目標設定では、最終的な成果目標の確認と直近の成果目標の設定と行動計画の策定を実施する。また実践スキルとしては、ビジネスマナーやインターンシップ生が陥りやすい状況等を説明する。

⑤スタートオリエンテーション・実習中のフォロー

インターンシップの考慮するべきことに、リスク予防・対応につながる環境整備がある。インターンシップで想定されるリスクには、①学生が被災する事故、②学生の行為による損害、③学生による機密の漏洩、の３種類がある。リスク予防として、インターンシップ開始時にトラブル・誤解等を防ぐため、覚書や誓約書の取り交わしが必要となる。覚書は大学と企業で取り交わし、実習成果の帰属先や責任範囲等を明確にするものである。誓約書は学生が企業に提出し、受入先の就業規則や守秘義務の順守、学生の責任範囲等を書面で確認する。また実際に損害が発生した時の補償対応として、インターンシップ保険が重要となる。受入企業が負担するリスクを下げることは、企業のインターンシップ受入の判断に影響を与えるため、ARECではこれらの環境を整備し、スタートオリエンテーションで契約書類の取り交わしを行う。

実習中のフォローではインターンシップが最大限成果を得られるように、コーディネーターはモニタリングを通じて支援する。モニタリングとは、日報や面談によって状況を確認し、企業に対しては学生マネジメント支援、学生に対しては業務への取り組みや目標達成の支援、モチベーション管理等を行うことであり、個々の状況に応じた支援が求められる。

⑥事後研修と報告会

　事後研修では、成果確認と振り返り、評価、修了後の行動計画の作成を行う。成果確認と振り返りでは、当初設定した事業目標や成長目標の到達状況を把握し、日報等を用いて現場での体験の振り返り、自らの意識と行動の変化を確認する。振り返りの観点として、①業務・社会体験への直接的なかかわりの変化、②体験を通じたコミュニケーションの変化、③体験を通じた更なる意味付け・価値観形成への影響を提示する。評価では、アセスメントシートを用いて、実施前後の変化の自己評価を行う。また受入企業から他者評価してもらうことで、客観的な学生の変化を認識できるだけでなく、今後の成長課題を把握することにもつながる。これらを踏まえ、大学での学びや将来のキャリア選択につながる今後の目標設定と行動計画の作成を行う。

　報告会では、事後研修で振り返った成果や変化を言語化し発表することに加えて、学生から受入企業や担当社員へのフィードバックを行う。インターンシップに参加した学生の視点から会社の新たな魅力や課題、社内・社員の変化等を発表してもらう。

　事後研修と報告会は、関係者各々のインターンシップの意味を明らかにする機会である。インターンシップを体験で終わらせず、教育的効果のある取り組みにするには、振り返りを欠かすことはできない。また自身で体験を振り返ることは当然だが、受入企業が学生の評価を伝えることや、学生が受入企業にフィードバックする場を設けることによって、それぞれの振り返りが多面的になり、内容に深まりを持たせることができる。

参考文献
- 文部科学省「インターンシップの導入と運用のための手引き～インターンシップ・リファレンス～」(2009年)。
- 経済産業省・特定非営利活動法人エティック「教育的効果の高いインターンシップの普及に関する調査報告書」(2014年)。

V 特色あるインターンシップの取り組み（3）
山形大学の低学年向けインターンシップ

松坂暢浩

1．はじめに

　本稿は、山形大学の基盤教育（教養教育）で開講している「低学年向けインターンシップ（学際）」の事例報告である。低学年（主に1年生）を対象に、山形県内の中小企業（山形県中小企業家同友会加盟企業）と連携して取り組んだ事前・事後指導及び短期インターンシップ（3日間）の内容と今後の課題について紹介したい。

2．本授業開講の背景

　本学では、これまでも各学部（人文学部、地域教育文化学部、理学部、工学部、農学部）でインターンシップを授業として導入しており、さまざまな企業や団体での活動に参加することで単位認定をしている。しかし、多くは主に3年生対象で、1年生対象の授業が開講されていない状況であった。特定非営利活動法人エティック（2013）によれば、早期に「インターンシップの経験」と「内省」の機会を提供することは、働くとは何かを考えることに繋がり、自己の適性や志向の理解、業界の理解など基礎的なキャリア教育に繋がると述べている。本学においても、働く社会人との接点を通じて、学習意欲や働くことに対する意識を一段と高め、実社会で必要とされる就業意識、自立心と責任感について考えるきっかけを早期から提供することを目的とし、新たなインターンシップの授業を2014年度より開講するに至った（図1）。

　本学所在地である山形県は、増田（2014）のレポートによると、県内の8割に当たる28市町村が「消滅可能性都市」とされている。人口推移を見ても、18～24歳の県外流出が大きく、人口減少の大きな要因となっており、県としても危機感をもっている。本学も2015年卒業生の山

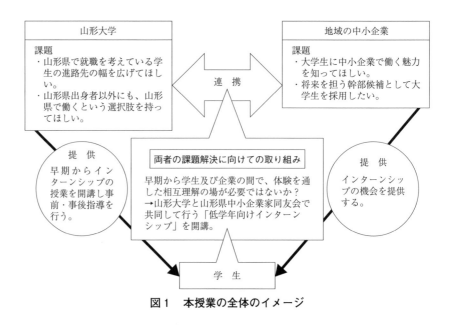

図1 本授業の全体のイメージ

形県内定着率が20％台であり、就職先の業種も、公務員や学校教員が多い状況である。そこで、本授業を通して、山形県出身者の進路先の幅を広げること、山形県外出身者に山形県で働く魅力を感じてもらうことの2つを目標とした。

　また、進路選択の際に、知名度や規模の基準のみではなく、地域の中小企業も含めた広い視野で進路を考えられる機会を早期から提供したいと考えた。太田（2005）は、中小企業のインターンシップが学生のキャリア教育上きわめて有用であると指摘している。そこで受入企業先を中小企業に限定し、人材育成に理解と関心が高く、また想いをもって地域でビジネスを行っている経営者が多く加盟しており、本学と2010年から連携協力協定を結んでいる山形県中小企業家同友会加盟企業に受入を依頼することとした。

3．履修学生と受入企業の状況と授業スケジュール

　本授業は2014年度前期からスタートしている。初年度の2014年度は、13事業所に20名の学生を派遣し、2年目の2015年度は、18事業所に28名の学生を派遣した。以下は、2015年度の受入企業及び履修学生の状況である。受入企業は、山形県中小企業家同友会事務局に依頼し、学生が通勤できる範囲の18社を選定した。受入先の業種は、サービス業、卸売業、印刷業など幅広い業種で受入機会を得ることができた。履修学

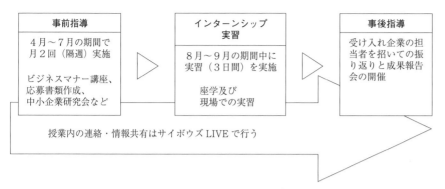

図2　本授業の流れ（授業スケジュール）

生は、性別が男性18名、女性10名であった。所属学部が、人文学部5名、地域教育文化学部4名、理学部3名、工学部5名、農学部11名であった。出身県が、山形県出身者5名、他県出身者23名であった。

次に、本授業のスケジュールは、事前指導（ビジネスマナー講座、応募書類の作成、中小企業研究会など）を隔週で行った上で、インターンシップ実習（3日間）に参加し、実習後に振り返りと成果報告会の流れで事後指導を実施した。また日々の履修学生とのやり取りは、専用のウェブサイト（サイボウズLIVE）を立ち上げ、報告・連絡・相談をサイト上で行った（図2）。実習先のマッチングについては、業界や仕事に対する視野を広げる観点から、履修学生の希望は取らず、担当教員が履修学生の現住所をもとに通いやすい企業にマッチングを行った。

4．授業内での工夫について

2年目の実施にあたり、初年度の課題を踏まえて、以下の3点に注力した。

①実習プログラム内容の改善

実習プログラムに関して、受入企業に過度に依存していた点を踏まえ、初年度履修学生との振り返りのなかで学習効果の高かった実習プログラムの内容とポイントをまとめた資料を作成し、全ての受入企業を訪問し、実習プログラム内容の打ち合わせを行った。

②受入企業とのコミュニケーション不足の解消

本授業の趣旨が、社長以外の社員に伝わっていなかったケースがあっ

た。そのため、実習の流れやポイントをまとめたフローチャートを作成し、社長と一緒に実習担当社員に同席いただき、事前打ち合わせを行った。また、インターンシップ実習前後に教員から受入企業に対して連絡を取るなどのやり取りを増やした。

③履修学生のフォロー不足の解消

本授業が隔週であることもあり、初年度は、事前指導の不足により、提出書類の作成や学生の受入企業とのやり取り等に課題があった。そこで、事前指導の充実のために学生向けのマニュアルを作成した。またサイボウズLIVEを活用し、ウェブサイトからの定期的な情報発信や、授業終了後ごとに履修学生に感想や質問などのコメントを投稿させ、フィードバックを行うことでこまめにコミュニケーションを取った。併せて授業外の時間に履修学生全員と面談を実施し、目標の確認や不安に感じている点の解消に努めた。そして教員1人ではフォローしきれない点も多くあったことから、キャリアサポートセンターの職員や初年度履修学生（3名）に協力を依頼し、学生指導の充実に努めた。

5．学生の授業評価と成果

ここで、2015年度の学生による授業評価と成果について見ていきたい。まず授業評価であるが、独自に行った事後調査アンケートにおいて、授業の満足度（大変満足していると満足しているの合計）が92％（28名中26名）と、高い結果であった。

次に成果であるが、まず①「社会人基礎力」（経済産業省、2009）と②「キャリア意識の発達に関する効果測定テスト（Career Action-Vision Test）」（下村ら、2009）の2つの指標の結果をもとにインターンシップ実習参加によりどのような変化があったかを検証をしていきたい（図3）。

①「社会人基礎力」について

インターンシップ実習参加により経済産業省の提唱する社会人基礎力の12の能力がどの程度身についたかについて、履修学生の自己評価結果を点数化し、参加前後で全体の平均値を比較した。その結果、「働きかけ力」と「主体性」の伸長が特に大きかった。「働きかけ力」と「主体性」が伸びた背景には、学生の成果報告やアンケートのコメントから、

Ⅴ　特色あるインターンシップの取り組み（3）

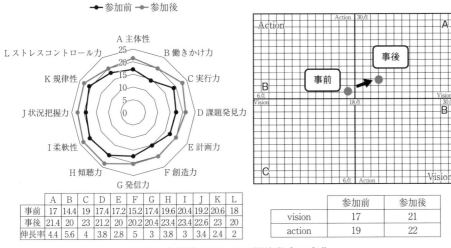

図3　本授業を通しての履修学生の変化

実習先で積極的な行動（挨拶をすることや質問すること等）ができていない点を注意されたことで、自ら進んで行動することを心掛け、言われる前に自主的に行動することを意識した結果であることがわかった。

②「キャリア意識の発達に関する効果測定テスト」について

インターンシップ実習参加により、どのくらい積極的に行動ができるようになったか、また将来のキャリアについてどのくらい明確になったかについて、アクション（Action）とヴィジョン（Vision）の2側面から測定し、参加前後で全体の平均値を比較した。

その結果、アクション（Action）の平均得点が、参加前の19点から参加後は22点に、ヴィジョン（Vision）の平均得点が、参加前の17点から参加後は21点に伸長した。この結果をプロットシートにプロットすると、アクション得点かヴィジョン得点の一方が高いか、もう一方は低い状態の【Bゾーン】から、アクション得点とヴィジョン得点の両者が高い【Aゾーン】に移行していることがわかった。このことから、インターンシップ実習参加後にキャリア意識が高まっていたことが確認できた。

最後に、シラバスの到達目標がどの程度達成できたかを検証していきたい（図4）。本授業の到達目標は、（1）「自分にとって「働く」意味や理由を言葉にできる」（2）「中小企業への理解を深めることができる」（3）「今後の大学生活で何を学ぶかを考えることができる」の3点であ

る。検証にあたり、成果報告会での発表資料を上記目標に合わせた統一のフォーマットにし、履修学生に作成をさせた。これにより受入企業や履修学生に、授業の到達目標がどの程度達成できたかを確認できるようにした。以下、学生のコメントをもとに検証していきたい。

到達目標①「自分にとって「働く」意味や理由を言葉にできる」の検証

「私にとって働くとは」という問いに関するコメントを見ると、「人と関わることで自分の成長につなげること」「自ら社会に貢献できる仕事を生み出すこと」「人と人、人と地域、地域と地域を繋げること」などのコメントがあった。これらのコメント内容を分類すると「自己成長につながるもの」（7項目）と「人とのつながりを大切すること」（6項目）、「お客さまや社会への貢献」（5項目）に関する内容が多かった。なぜそのように考えたかの理由を見ると、「社長のお話しと実習全体を通して、仕事はさまざまな人と関わることのできる大切な機会、人との関わりは自分が成長するきっかけや客観的に自分を見つめなおす機会にもつながると感じたから。」「地域を繋げる役割をしていて、人と地域を繋げていると思ったから。」などの理由をあげており、実習先での社長や社員とのかかわりのなかで、生活の糧（お金のため）以外のやりがいに目を向けることができたものと考える。

到達目標②「中小企業への理解を深めることができる」の検証

事前事後で中小企業に対するイメージに変化があったかを聞いたところ、変化があった者が17名（60％）であった。理由として、「中小企業は大企業の下請けの仕事ばかりしていて辛そうなイメージがあったが、実際に働いている人たちは、大変な中でも常に事故やミスに気を配りながら、誇りをもって働いている姿を見て、中小企業での仕事はとてもや

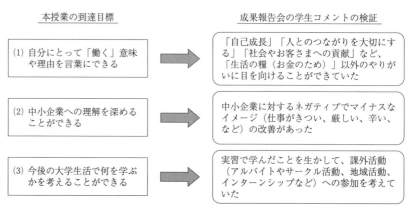

図4　本授業の到達目標がどの程度達成できたか

りがいのあるものなのだと実感したから。」「前までは、マイナスなイメージしかなくて、絶対就きたくないと思っていたが、今回のインターンシップを通して、中小企業にしかできない、地域の声を聞いたりするところに魅力を感じた。」などのコメントがあり、ネガティブなイメージの改善があったことがわかった。

　また、どちらとも言えない・変化がなかった学生（11名）のコメントを見ると、「中小企業についてももともとそんなに関心がなく、今回のインターンシップで特に考え方に変化はなかったです。」というコメントが少数ではあるがあった。しかし、「事前に話に聞いていた通りだったから。」など、事前学習のなかで中小企業の魅力を説明しており、インターンシップ実習参加後も事前に聞いた内容とのギャップがなかったことをあげていた。これは事前学習の充実がよい意味で影響していると言える。

　到達目標③「今後の大学生活で何を学ぶかを考えることができる」の検証
　履修学生が、インターンシップ実習での学びを踏まえて、今後大学生活で学びたいことや目標、そのための方法などについて考えた内容を確認していきたい。最も多かったのは、課外活動の項目（アルバイトやサークル活動、地域活動、インターンシップなど）だった（21項目）。その理由を見ると「この実習を通して学んだ社会人としての礼儀やマナーを活かせると思ったから。」「気配りについて指摘を受けたので、人と関わる中で改善していきたいから」「インターンシップを通して初対面の人とのコミュニケーション能力の低さを痛感したから」などのコメントがあり、実習先での気づきや課題を踏まえて、積極的に人とかかわるなかでコミュニケーション能力を今後高めたいという意識を持てたことがわかった。ただし、今回は専攻を生かしたインターンシップ実習ではなかったこともあり、専攻との結びつきに関する内容は少なかった（6項目）。しかし、課外活動を含め実習での成果を踏まえての取組みが、学生のなかでしっかりとイメージできていることがわかった。

　以上の検証から、到達目標がある程度達成できたものと考える。

6．今後の課題と方策について

　最後に本授業の実習プログラムや事前指導に関する課題と今後の方策について述べたい。

　事後アンケートにおいて、インターンシップ実習の不満について質問

すると、①期間が短かった（6件）、②自分自身の準備不足があった（3件）、③実習内容に不満があった（3件）の回答があった。

①については、本授業を3年次以降の本格的なインターンシップ前のプレ体験と位置付けたいと考えており、期間はこのままで今後も行う予定である。ここでは、②と③の課題について検討をしたい。

まず実習プログラムにおいて、営業同行のプログラムの履修学生ほど気づきや学びが多い傾向があった。しかし、営業同行以外のプログラムにおいても、社員との交流、特に作業と作業の合間や昼休みなどでの雑談が勉強になったという意見もあり、社会人の本音が聞けた点が印象に残っていることがわかった。この点を踏まえて、実習プログラムの改善と合わせて、履修学生に対して「インターンシップ実習先の社員と積極的に会話をする」ように事前に指導していきたい。特に、せっかく聞いても、メモを取るなど聞いた内容を記録していなかった点を受入企業から注意されたという回答があった。この点についても、事前にメモ帳を準備し、聞いた内容をメモする癖をつけるよう指導していきたい。

また実習先での作業中に、なぜ取り組むのかを教えてもらい、自分なりに工夫した点を評価されたことでモチベーションが高まり、責任感が芽生えたケースがあった。その一方で、特に説明が無く作業を指示され、アルバイトとの違いがわからなかったという回答もあった。この点を踏まえて、受入企業に対して、仕事を指示する前に「仕事の意味付け」と、作業した結果についての「フィードバック」を教育的観点から依頼する必要があると考える。

履修学生のなかには、お客さま扱いされモチベーションが下がったという回答があった。短期間の実習ではあるが、受入側の対応がモチベーションに影響を与えている点も見過ごせない。今後は、「組織の一員として受け入れられていると感じられる雰囲気作り」（制服の借用や名刺の配付など）について、受入企業と一緒に考えていきたい。

その他として、実習中に待機を指示された時に何をすればよいかわからなかったという学生の回答があった。学生には空き時間の有効活用についても今後指導していきたい。

特定非営利活動法人エティックの調査（2014年）によると、教育的効果の高いインターンシップには、1）実施目的の明確化、2）適切なプログラムの設計、3）企業の現場等でのリアルな体験、4）学生の目標設定・フィードバック・振り返りの徹底、が不可欠であると指摘している。今後これらの点も踏まえつつ、実習プログラム及び事前・事後指導

V 特色あるインターンシップの取り組み（3）

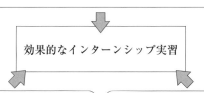

図5 効果的なインターンシップ実習にするために必要な3つのキーワード

の更なる改善、またより多くの学生が参加できるように受入先の開拓を行っていく予定である。

謝辞

　本授業にあたり山形県中小企業家同友会事務局及び加盟企業の皆様に多大なるご協力をいただいことを深く感謝申し上げます。

受入企業（敬称略）

　株式会社アイン企画、株式会社曙印刷、株式会社アサヒ印刷、株式会社朝日測量設計事務所、有限会社アド・プランニング越前屋、大場印刷株式会社、株式会社オネテック、株式会社エム・エス・アイ、株式会社カーサービス山形、寒河江物流株式会社、株式会社サニックス、株式会社セロン東北、田宮印刷株式会社、株式会社東北消防設備、有限会社長門屋、Hair with Water、ホテルメトロポリタン山形、株式会社楽々ホーム

参考文献

- 特定非営利活動法人エティック「産学連携によるインターンシップのあり方に関する調査」（経済産業省、2013年）。
- 特定非営利活動法人エティック「教育的効果の高いインターンシップの普及に関する調査」（経済産業省、2014年）。
- 太田和夫「中小企業におけるインターンシップの有効性と今後の促進策」（『インターンシップ研究年報』(8) pp.8-21、2005年）。
- 経済産業省編『社会人基礎力育成の手引き』（朝日新聞出版、2010年）。
- 古閑博美編著『インターンシップ―キャリア教育としての就業体験』（学文社、2011年）。

- 下村英雄、八幡成美、梅崎修、田澤実「大学生のキャリアガイダンスの効果測定用テストの開発」(『キャリアデザイン研究』第5号、2009年、pp. 127-139)。
- 山形大学「平成26年度文部科学省大学改革推進事業産業界のニーズに対応した教育改善・充実体制整備事業 産官学連携による地域・社会の未来を拓く人材の育成 成果報告書」(2014年)。
- 増田寛也編『地方消滅 東京一極集中が招く人口急減』(中公新書、2014年)。
- 文部科学省「インターンシップの拡大に向けた施策について」(2015年)。
- 文部科学省「インターンシップ好事例集―教育効果を高める工夫17選―」(2016年)。

Part 2
インターンシップの事例 I
各大学におけるインターンシップの取り組み状況

各大学におけるインターンシップの取り組み状況①

愛知東邦大学（人間学部）

1．授業の概要

大学名	愛知東邦大学	学部・学科	人間学部人間健康学科
授業科目名	インターンシップ事前事後指導	開設の時期	3年次前期
必修・選択	選択	単位数	1
運営の主体	就職課・就職委員会	受講者数	9名（全学部の合計は25名）

2．取り組みのポイント

- 4コース制（スポーツトレーナーコース、スポーツ指導者コース、健康づくり指導者コース、心理・カウンセリングコース）となっており、学生の多様な専攻、将来のキャリアを念頭に置いて連携先を確保している（なお、教育課程上は全学共通科目であるため「子ども発達学科（履修実績なし）」及び「経営学部」学生も履修可能である）。
- 卒業生の就職先の多くが一般企業であることから、東海三県（愛知県・岐阜県・三重県）を中心に中小企業等にも積極的に派遣している。

3．授業の目標と計画

授業の目標	インターンシップに必要な基本的な常識とマナーなど、実習先職場を確定するために必要な知識・技能を習得し、自らのキャリアについて自己決定できること。	
授業計画	テーマ	内容
第1回	オリエンテーション（1）	授業の進め方、注意事項などを理解し、履修を確定する（履修登録変更可能期間中であるため）。
第2回	オリエンテーション（2）	インターンシップとは何か、実習のルール、手順、心構えを理解する（現時点での目標文書を提出）。
第3回	ビジネス文書作成（1）	実習申込書への記入の方法を理解し、実際に記入することなどを行う。
第4回	インターンシップ先の紹介	昨年度のインターンシップ先を紹介し、選定に必要な知識・技能について学ぶ。
第5回	グループ活動（1）	各学生が希望する業界などによってグループに分かれて、業界研究などを行う。
第6回	ビジネスマナー（1）	好感を与える第一印象のための行動変革（企業が求める「じんざい」とは、挨拶とおじぎ、ほか）。
第7回	グループ活動（2）	各学生が希望する企業などによってグループに分かれて、企業研究などを行う。
第8回	ビジネス文書作成（2）	自己紹介書（履歴書）への記入の方法を理解し、実際に記入することなどを行う。
第9回	ビジネス文書作成（3）	日報・実習ノートへの記入の方法を理解し、実際に記入することなどを行う。

第10回	ビジネスマナー（2）	好感を与える第二印象のための内面強化（言葉遣い、態度、事前訪問アポイントの取り方、ほか）。
第11回	ビジネスマナー（3）	好印象を残す企業訪問（企業訪問の仕方、訪問アポイントの実践、前回までの振り返り・まとめ）。
第12回	インターンシップ先への事前訪問と報告について	インターンシップ先への事前訪問の方法と、その実施報告までの過程を理解し、実際に開始する。
第13回	まとめ	全体のまとめを行う（目標の最終確認、事前訪問を終えていれば報告書、誓約書等の文書提出）。
第14回	（事後指導）個別・インターンシップ先別面談	作成した報告レポートをもとに、個別もしくはインターンシップ先別で振り返りの面談を行う。
第15回	（事後指導）報告会	個別もしくはインターンシップ先別で振り返りを行った後、全体で報告会を行う。
評価の方法	レポート25％、授業への参加・貢献度50％、提出書類25％の割合で評価する。	
教科書	古閑博美編著『インターンシップ〈第二版〉―キャリア形成に資する就業体験―』（学文社、2015年）	
参考書など	愛知東邦大学就職委員会編『インターンシップ報告集2014』（愛知東邦大学）、(財)全国大学実務教育協会編『サービス実務入門』（日経BP社、2013年）	

4．事前・事後指導について

事前指導	・インターンシップの意義と目的・内容、ビジネスマナー、実習の際の留意事項などを学び、各自の専攻、将来のキャリアに関連した実習先を決定する。 ・授業計画の第13回まで（90分×13）が事前指導に相当するが、授業外にも個別指導・相談を科目担当教員及び就職課職員が随時行う。 ・インターンシップ先の自己開拓も推奨、指導する。
事後指導	・実習の体験を各自まとめ、報告会・反省会などの体験交流から学ぶ。 ・授業計画の第14・15回（90分×2）が事後指導に相当するが、授業外にも各学生の実習終了日に合わせ、お礼状や報告レポート作成指導も行う。 ・以上に加えて、正課のキャリア科目「キャリアデザイン」（後期）授業内での体験報告も推奨する（科目担当教員間で協力する）。

5．インターンシップ先との連携

担当部署等	主担当は就職課・就職委員会であるが、大学として締結している産学地域連携協定等の内容にインターンシップも含まれることもあり、部分的に他の部署が担当する場合もある。
連携先について	産学地域連携協定等を締結している、「株式会社名古屋グランパスエイト」「愛知信用金庫」「名古屋市名東区役所」などをはじめ、依頼しやすい関係性として、80社以上の「フレンズ・TOHO」（東邦学園の支援組織）会員企業がある。
連携先の確保	愛知中小企業家同友会主催インターンシップへの、大学としての参画によって一定数の中小企業を確保する。学科の専門に近い連携先の場合、各専門教員からの紹介もあるが、多くは担当教職員のネットワークにより確保する。

依頼の方法	学生の希望に応じて、個別に電話などで打診した上で文書による依頼をする。産学地域連携協定等を結んでいる企業等からは、依頼する以前に受入可能人数等の計画を提示される場合がある。
派遣までの流れ	（1）履修者数の決定後、派遣予定インターンシップ先（学生希望や派遣実績をもとに決定）に対し、大学事務局（主に就職課）から依頼を行う（5月～）。 （2）依頼が受理された場合、受入要項等の作成を依頼する。学生に対して、受入要項をもとに体験の内容等を科目担当教員が紹介し、学生が自己決定する（遅くとも7月を目途に）。 （3）学生から提出された履歴書等の書類を整え、郵送もしくは教職員の訪問時に手渡しして依頼する。これらと前後して、正式受入依頼文書・覚書等を準備する。 （4）学生が事前訪問を行い、インターンシップ先から注意事項等が説明される（全てが電話などで行われる場合もある）。 （5）事前訪問後に、学生から訪問報告書が提出され、大学側は最終確認する。

6．実施にあたっての配慮事項

- 事前指導の段階での学生の態度などは、そのまま実習期間中にも表れることが多いと考える（遅刻・欠席状況などを含む）。したがって「外部講師によるビジネスマナーの授業（90分×3）の授業態度の観察」「ゼミナール担当教員等からの日常的な態度についての情報収集」による総合的な評価をもとに、各学生に必要な準備を個別指導する。
- 実習中には、科目担当教員・就職課職員に加え、ゼミナール担当教員がインターンシップ先を訪問する。受入担当者へのお礼訪問と学生への中間指導、激励のためである。
- 新規で依頼したインターンシップ先には、可能な限り科目担当教員が訪問することによって、科目の意義などの意見交換を行い、次年度につなげる。

7．成果と課題

- スポーツ関連のインターンシップ先は、同時期に複数人の受入を依頼できる場合が多い。チームでの取り組みとすることが、コミュニケーション能力を高めるなどの成果につながることも多い一方で、メンバー間での甘えや依存心が生まれるなどの課題もある。
- 学生希望に応えるための連携先の確保を行うと同時に、自主開拓の推奨もしている。それ自体の成果は多くないが、納得感をもって実習に臨むことができるなど、学生の主体的な事前準備の一環として継続している。
- 質的な連携強化のため、可能な限りインターンシップ先訪問を行っている。また、産学地域連携協定等も締結しているが、インターンシップ拡充につなげることが課題である

（調査実施日 2015年9月18日／執筆者：手嶋慎介）

Part 2 インターンシップの事例 I

各大学におけるインターンシップの取り組み状況②

青森中央短期大学（食物栄養学科）

1．授業の概要

大学名	青森中央短期大学	学部・学科	食物栄養学科
授業科目名	キャリアプランニング I	開設の時期	1年次後学期
必修・選択	必修（授業のみ）	単位数	1（授業のみ）
運営の主体	学科・キャリア支援課	受講者数	60名（授業のみ）

2．取り組みのポイント

- 食物栄養学科の学生が受講するキャリア科目において、職業・職場選択と自己理解・分析を行う中で、インターンシップの情報提供を行う。原則として5日間。インターンシップ参加者の66％は栄養士施設での研修。
- 授業でインターンシップの説明・奨励は行うが、インターンシップ自体は単位化されておらず、任意参加である。

3．授業の目標と計画

授業の目標	栄養士を中心とした職業や職場（20代最初の目標地点）を理解する。 自分自身（出発点）を主観的・客観的に理解し、自己分析する。 出発点から目標地点に至るために必要な準備を計画・実行する。

授業計画	テーマ	内容
第1回	オリエンテーション キャリアの意義・捉え方	授業の主題・目的、到達目標、授業計画、成績評価基準・方法、キャリアの定義等の説明。
第2回	webを利用した就職活動	学内・学外の就活ポータルサイトの活用法演習。卒業生の活動報告検索と閲覧。
第3回	自己理解①自分史チェックシート作成	自身の過去の行動、生活スタイル等を書き出し、自己理解・分析の準備を行う。
第4回	自己理解②相互インタビュー	自分史チェックシートを基にした相互インタビューを行い、自己理解・分析を行う。
第5回	職業理解①栄養士の役割・資質・キャリアアップ	学内教員（管理栄養士）による講話と質疑応答を通し、求められる栄養士像について考える。
第6回	職業理解②栄養士が活躍する現場・フィールド	学内教員（管理栄養士）による講話と質疑応答を通し、さまざまな職域・職場の特色を知る。
第7回	キャリア実現①インターンシップ・就活報告	採用内定を受けた2年生によるインターンシップ、校外実習、就職活動報告と質疑応答。
第8回	キャリア実現②インターンシップに行こう	昨年度までの実施概況、今年度の募集内容、応募の手続きの後、希望登録・個別相談。
第9回	自己表現①履歴書で表現する自己理解・分析	履歴書の自己PR、趣味・特技等の内容、文字の印象などの第一印象を含めた自己表現演習。
第10回	自己表現②プレゼンテーションとしての作文	自己紹介、自己PR、セールスポイントを作文という形で表現するための事前演習。

第11回	自己表現③面接で表現する自己理解・分析	発声、表情、身だしなみ、所作等の第一印象と、自己PR・志望動機の模擬面接演習。
第12回	職業理解③食と健康に関わる職場	卒業生（栄養士）による講話と質疑応答を通し、自らの栄養士像や就活への意識を養う。
第13回	自己理解④自己理解・表現の苦手意識を分析する	グループワーク形式で、自己理解や表現の苦手意識を分析・情報交換し、解決への契機とする。
第14回	キャリア実現③就職活動のビジネスマナー	3月の学内企業セミナー参加に向けての準備とマイナビ等の就活サイトwebエントリー演習。
第15回	自己紹介書を書こう；授業の振り返り	授業全体の振り返りと学習成果点検シートの作成・提出。期末レポートについての説明。
評価の方法	受講態度30％、学習成果点検シート30％、期末レポート40％。	
教科書	水原道子編著『キャリアデザイン〜就活・インターンシップの基本〜』（樹村房、2016年)、2016年度より；別紙配布資料など	
参考書など	古閑博美編『魅力行動学® ビジネス講座Ⅱ ホスピタリティ、コミュニケーション、プレゼンテーション』（学文社、2012年）	

4．事前・事後指導について

事前指導	・研修日誌、誓約書、プロフィール、緊急連絡先等の事前記入説明。 ・細菌検査の時期・提出方法、栄養士施設特有の注意点の説明。 ・事前連絡・訪問、電話応対・身だしなみ等、礼状の書き方等の説明と点検。 ・ルーブリックによる「基礎力」事前・事後チェック票説明と事前部分記入。
事後指導	・事前指導・インターンシップに関するアンケートと満足度・成長度調査。 ・「基礎力」の事前・事後チェック票と担当者チェック票との比較分析。 ・自身の就職・進路に対する意識の変化・深化についての振り返り。 ・次年度の1年生に対するピア・サポート活動の案内・希望調査。

5．インターンシップ先との連携

担当部署等	食物栄養学科及び法人キャリア支援課・キャリア支援センター。
連携先について	栄養士施設9社（病院4、高齢者施設1、幼児施設2、給食センター2）。製造3社、販売1社、ホテル1社。※年度変動あり。
連携先の確保	栄養士施設は給食管理校外実習施設への依頼による。製造、販売、ホテルは直接またはキャリア支援課を通しての依頼による。
依頼の方法	学科で直接訪問し、趣旨説明・事前調査票への記入依頼等を経た上で、内々諾が得られれば、キャリア支援課を含めた事務手続き（覚書、誓約書等の提出）となる。栄養士施設への依頼は施設により異なる。
派遣までの流れ	学生に対する予備希望調査を経た上で企業訪問を行い、内々諾が可能な受入先を確保する。受入先・募集人数を公表した後、本希望調査（第3希望まで）を行う。栄養士施設については学生の成績・志望理由・態度等にもとづいた面談による選抜を行う。選抜に漏れた学生も業職種を問わなければ製造、販売、ホテル等の残り枠（2次募集）に応募できる。受入先とのマッチング後、事前指導（栄養士施設は4回、その他は3回）を行う。学生には受入先への事前連絡・事前訪問をした時点で学科に連絡をとらせ、さらに巡回担当者（教職員）から受入先に対し、挨拶を兼ねて巡回日程の調整を行う。

6．実施にあたっての配慮事項

（1）栄養士施設に対してはインターンシップと校外実習の差別化を明確に示す必要があり、基礎力の理解・体験・定着を目指すことを第一義としている。
（2）製造・販売・ホテル等に対しては、食物栄養学科としての立場を示し、多少なりとも食品・調理・配膳等の業務にかかわることができるよう、事前の打ち合せに注意を払う。
（3）学生に対しては、何よりもまず本学学生としての自覚を促す必要があり、事前指導の回数を3〜4回確保している。一般社会での常識を理解させること、自身の軽率な言動が時として本学や後輩だけでなく校外実習の受入にも影響を及ぼしかねないことを、基礎力として、特に報告・連絡・相談に伴う「反応」することの気付きとして、実行を促している。

7．成果と課題

（1）インターンシップに参加したことによる自身の基礎力達成度は、「達成できた」「どちらかといえば達成できた」を合わせ82％、また、参加の満足度は「満足」「どちらかといえば満足」を合わせ96％であり、学生の主観としては概ね成果があったと言えよう。
（2）課題としては、ルーブリックによる基礎力評価を、学生自身と受入先指導担当者の双方で行い、学生には個々に主観としての振り返りをさせているが、分析が未着手である。この基礎力評価部分は6か月後の校外実習でも共通ルーブリックを使用するので、考察への足がかりとしたい。さらに、次年度の1年生に対するピア・サポート活動も実施予定なので、基礎力の定着成果の可視化の可能性について、検討を重ねたい。

（調査実施日 2016年3月31日／執筆者：宮田　篤）

各大学におけるインターンシップの取り組み状況③

嘉悦大学（ビジネス創造学部）

1．授業の概要

大学名	嘉悦大学	学部・学科	ビジネス創造学部
授業科目名	プロジェクト／インターンシップ	開設の時期	1年次秋学期～3年次春学期
必修・選択	選択必修	単位数	14
運営の主体	学部	受講者数	250人程度

2．取り組みのポイント

プロジェクトは1-3、インターンシップは1-4から構成されている。企業から与えられる課題を解決することで、社会に出た時に役立つ実践力を身に付けることを目指す。ビジネス創造学部では、長期インターンシップを学部での教育プログラムの中核に位置付けており、大半の教員が運営に携わり、大半の学生が「プロジェクト」「インターンシップ」に参加する形で、全学部的に取り組んでいる。

3．授業の目標と計画

授業の目標	株式会社生産者直売のれん会と連携し、小平市のブルーベリーを利用した産品の企画・開発、営業、販売等を行うことで、商品企画力、営業力、販売力等のブランドビジネス実践力を身につける。	
授業計画	テーマ	内　容
第1回	イントロダクション	本講義の目標の確認。
第2回	インターンシップ1のフィードバック	販売の数字：顧客数、購買率、客単価。
第3回	小平ブルーベリー商品の調査	味、価格、強み、弱み、パッケージ、販売先の調査。
第4回	小平ブルーベリー商品の調査	小平ブルーベリー商品の試食。
第5回	商品企画1	ブルーベリー ヒット商品の調査。
第6回	商品企画2	開発商品のブレインストーミング―値段、味、強み、弱み、パッケージ。
第7回	商品企画3	商品の決定―名前の決定。
第8回	テストマーケティング1	味の調整。
第9回	テストマーケティング2	味の調整。
第10回	パッケージデザインの作成	デザインドラフトの作成。
第11回	パッケージデザインの作成	パッケージデザインの決定。
第12回	販促物の作成	販促物、看板、POP、プライスカード等の作成。
第13回	販売準備	プライスカードの作成、販売戦略の確認。
第14回	販売準備	販売目標個数の決定。
第15回	まとめ	

評価の方法	販促物。
教科書	特になし。
参考書など	特になし。

4．事前・事後指導について

事前指導	1年次春の講義「ビジネスコミュニケーション」でインターンシップを受講できるレベルのマナーや社会人としての心構えを育成する。さらに1年次秋の講義「プロジェクト・エントリー」で、各インターンシップの狙いや具体的な仕事内容などについて説明、学生に各プロジェクトへの理解を深めてもらうのと同時に、どのプロジェクトを選択するのかを考えてもらう。
事後指導	2年次の秋（中間）と3年次の冬（最終）の2度にわたって、学生がプロジェクトで何を実践し、何を学んだのかを教員や他の学生向けにプレゼンテーションする。プレゼンテーションを通じて、自らの経験を体系化、他のプロジェクトと比較することで、インターンシップを通じた学びを深めることができる。

5．インターンシップ先との連携

担当部署等	ビジネス創造学部各教員、キャリアセンター、教務センター。
連携先について	株式会社生産者直売のれん会、株式会社講談社、小平市役所、小平商工会、株式会社PRONTO、株式会社読売新聞社、ANA総研、ミュージックセキュリティーズ株式会社、株式会社ミッショナリー、西武信用金庫、など。
連携先の確保	教員の個人的人脈、ネットワーク多摩等の組織も活用。
依頼の方法	教員から事務職員を通して書面でインターンシップ契約を結ぶ。
派遣までの流れ	派遣先企業と調整して、インターンシップの内容、学びの狙いなどを整理する。学生にはマナーや社会人としての心構えを身に付けさせた上で、プロジェクトでの学びの周知を図り、実りあるインターンシップとなるよう流れを整えている。

6．実施にあたっての配慮事項

（1） 受入機関の負担増と新規開拓の難しさ。
　現在の学生や社会のニーズに沿った形でインターンシップの受入機関を開拓していかなくてはならないが、長期のため、受入機関の負担が大きく新たな開拓が難しい。
（2） 担当教職員の負担増
　1年半という期間が企業側の負担とともに教職員の負担増も同時に引き起こしている。
（3） 企業が抱える経営課題と大学が学生に与えたい経験とのマッチング
　インターンシップ先の機関が学生・大学に求めるものと学生・大学がインターンシップ先から得たいものの違いが発生しやすい。

Part 2　インターンシップの事例 I

7．成果と課題

- 1年半にわたる長期のインターンシップになっているために学生にとってはビジネス実践力を身につける良い学修機会となっているが、受入機関の開拓、企業・教員の負担が課題となっている。
- 1年生の春期休暇から3年生の夏期休暇に至る長期の授業プログラムであるため、通常の授業期間である春学期、秋学期だけでなく、休暇中にも授業の開催、学生指導の必要性が生まれ、教職員の負担が大きくなった。企業との連携や授業コマの配当など運営の効率化を進めることで、こうした労務負担の増加を克服しつつある。また受入機関との信頼関係の構築も大きな課題と言える。

(調査実施日 2015 年 6 月 15 日／執筆者：小野展克・白鳥成彦)

各大学におけるインターンシップの取り組み状況④

工学院大学（全学部）

1．授業の概要

大学名	工学院大学	学部・学科	全学部
授業科目名	学外研修	開設の時期	3年次集中（4月〜11月）
必修・選択	選択、選択必修（学科による）	単位数	2
運営の主体	インターンシップ委員会・学習支援課（事務）	受講者数	311名（2015年度実績）

2．取り組みのポイント

（1） インターンシップをとおして得られる学習効果（何が学べたか）を取り組みの柱とする。
（2） 事前指導により参加目的や目標を学生がきちんともって実習にのぞめる状態にする。
（3） 事後指導で経験からの気付きを学びに転換させる。
（4） 事前、事後指導では、学生同士が自分の考えをお互いに伝え合うことで、考えを深めていくグループワーク形式をとる。

3．授業の目標と計画

授業の目標	職業体験をつうじて「社会」と「社会人に成ることの意味」を理解する。	
授業計画	テーマ	内容
4月中旬（1コマ）	学外研修説明会	・「学外研修」の説明（全体の流れ、目的、手続き）。 ・自由応募インターンシップとの違い、自由応募インターンシップ活用方法も説明する。
4月下旬（1コマ）	応募する受入機関の選び方講座	・選択の視野を広げさせることを目的とする。 ・学外研修の目的を説明し、受入機関の選び方の考え方を説明［→履修申込（5月初旬）］。
5月中旬〜下旬（1コマ）	学外研修目的設定 ・自己紹介書作成講座	・学外研修参加の目的を設定。 ・自己紹介書（自己PR、志望動機など）の書き方を説明し、設定した目的をもとに作成。
5月下旬〜6月初旬（1人2〜3回）	自己紹介書添削・添削結果フィードバック面談（外部業者協力）	・自己紹介書の添削と添削結果のフィードバック。 ・書き方だけでなく、適切な目的設定がされているかを確認［→書類提出（6月上旬）］。
6月下旬〜7月初旬（1コマ）	ビジネスマナー研修	・1コマ枠のなかで実習現場でいきるような実践的な内容で実施。
8月初旬〜9月中旬	受入協力機関での実習（2〜3週間）→お礼状送付（研修終了後1週間以内）→実習日誌の提出。	

9月上旬〜9月中旬（1コマ）	学外研修振返り・成果報告書書き方講座	・参加目的に照らしあわせた振り返りを実施。 ・成果報告書（受入機関の特徴、研修で学んだことなど）の書き方を説明し、成果報告書を作成。
9月中旬〜9月下旬（1人1〜2回）	成果報告書添削・添削結果フィードバック面談（外部業者協力）	・成果報告書の添削と添削結果のフィードバック。 ・書き方だけでなく、適切な振り返りがされているか、学外研修から得られる気づきが深まっているかを確認［→成果報告書提出（10月初旬）］。
10月中旬（1コマ）	プレゼンテーション講座	・「よいプレゼンテーション」について、構成面、スライド作成面、発表面から学ぶ。
10月下旬（1コマ）	プレゼンテーショングループレッスン	・成果報告会用スライドをもとにプレゼンテーションを実施。学生が他者評価をすることでプレゼンテーションへの理解を深める。
11月下旬	成果報告会	・全員がプレゼンテーションを実施（1人5分）。
評価の方法	「実習日誌」と「成果報告会」の内容をもとに評価。	
教科書	使用しない（必要に応じ資料を配布）。	
参考書など	特になし。	

4．事前・事後指導について

事前指導	（1）応募先の選び方（視野を広げて企業をとらえる力を育成）（1コマ）。 （2）参加目的設定・自己紹介書（エントリーシートに相当）の書き方（2コマ）。 　※自己紹介書の添削指導もあわせて行う。 （3）ビジネスマナーの指導（1コマ）。
事後指導	（1）学外研修振返り・成果報告書の書き方（2コマ）。 　※成果報告書を書くことで実習を振り返り、何を気づき、何を学んだのか、今後にどういかすことができるかを考えさせる。 　※成果報告書の添削指導もあわせて行う。 （2）成果報告会のためのプレゼンテーション（1コマ）。

5．インターンシップ先との連携

担当部署等	学習支援部 学習支援課。
連携先について	約200の企業や行政機関（市役所等）。
連携先の確保	学習支援部 学習支援課（事務スタッフ）が前年度の受入機関に継続受入をお願いすることと新規受入先開拓を随時行う（教員紹介、就職支援課紹介などをつうじて）。
依頼の方法	・継続→前年度受入協力機関に対する依頼文の郵送による。 ・新規→受入新規企業への個別依頼（依頼文郵送または訪問依頼）による。
派遣までの流れ	〜4月：企業、行政機関への受入の依頼。 5月初旬：学生からの応募先申込（第1希望〜第3希望）。 　　　　　→応募先マッチング 5月中旬：応募先発表。 　　　　　※以降も企業からの受入承諾OKを受けて応募先マッチングを随時行う。 6月上旬：学生からの書類提出（履歴書・自己紹介書他）。 　　　　　→応募先機関への送付 6月中旬〜7月下旬：応募先機関から受入可否連絡。 8月初旬〜9月中旬：受入機関での学外研修（実習）。

6．実施にあたっての配慮事項

（1）　事前、事後指導、そして実習期間での問題発生時の速やかな対応ができるように教職員の協働体制を構築すること。
（2）　実習は大学の夏休み期間にあたるため、夏休み時の連絡体制を構築すること。
（3）　インターンシップを継続していくうえで、受入機関や学生からのアンケートを実施し、実施状況や実施内容を定量的、定性的に把握するとともに、実施にあたっての改善を随時行っていくこと。

7．成果と課題

（成果）
（1）　事前指導の「応募先の選び方」指導により学生と受入機関のマッチング率向上。
（2）　事前指導の「参加目的の設定」により学生の参加目的が明確化。
（3）　成果報告書のテキスト分析よりインターンシップの教育効果を定義。
（4）　高い学生満足度、企業からの評価（実施後のアンケート結果より）。

（課題）
（1）　就職活動との連携（インターンシップ経験の将来のキャリア形成へのいかし方）。
（2）　参加学生増のための受入機関の開拓。

各大学におけるインターンシップの取り組み状況

図　参加学生数と受入機関数の推移

（調査実施日 2015 年 9 月 1 日／執筆者：二上武生）

Part 2 インターンシップの事例Ⅰ

各大学におけるインターンシップの取り組み状況⑤

玉川大学（教育学部）

1．授業の概要

大学名	玉川大学	学部・学科	教育学部
授業科目名	インターンシップA、B、C	開設の時期	1年秋〜3年秋
必修・選択	選択	単位数	A、B、Cそれぞれ2単位
運営の主体	教育学部	受講者数	春学期10名・秋学期13名

2．取り組みのポイント

- 受講許可条件はGPA累積が2.8以上で、各受講ガイダンスに出席していること。
- 単位取得の条件は以下の通り。
  - （1）受講セメスター期間に教育インターンとして70時間以上活動。
  - （2）申告した曜日・時間帯に定期的に活動を実施していること。
  - （3）毎回の活動内容が記録され、受入機関担当者のコメントか承認印を受けていること。
  - （4）ガイダンス、報告会等に出席していること。

※本学教育学部の「インターンシップ」は、幼・保・小・中・高他が対象となるが、今回は、幼稚園に焦点を絞り述べる。

3．授業の目標と計画

授業の目標	幼児とのかかわりを通して教職及び保育にかかわる職業への動機付けを明確にし、同時に教育学、保育学への研究、修学の視点を得るとともに、教育者、保育者として必要な知識・技能を身につけることを目的とする。	
授業計画	テーマ	内容
第1回	オリエンテーション	概要説明。配当園決定及び園の説明。
第2回	インターンシップ	幼稚園にて教育インターンとして活動。
第3回		
第4回	活動状況の報告会	各園における活動内容についてグループ討議を中心に報告会をする。
第5回	インターンシップ	幼稚園にて教育インターンとして活動。
第6回		
第7回	活動状況の報告会	各園における活動内容についてグループ討議を中心に報告会をする。
第8回	インターンシップ	幼稚園にて教育インターンとして活動。
第9回		
第10回	活動状況の報告会	各園における活動内容についてグループ討議を中心に報告会をする。
第11回	インターンシップ	幼稚園にて教育インターンとして活動。
第12回		

第13回	活動状況の報告会	各園における活動内容についてグループ討議を中心に報告会をする。
第14回	インターンシップ	幼稚園にて教育インターンとして活動。
第15回	活動状況の報告会 活動終了までの確認事項	インターンシップ終了までのオリエンテーション他。
評価の方法	レポート40％、授業における取り組み60％。その他「活動記録」、報告会への出席と課題の提出状況等にもとづき、総合的に評価する。	
教科書	指定なし。	
参考書など	必要に応じ指示。	

4．事前・事後指導について

事前指導	別途ガイダンスにおける趣旨、概要の説明とインターンシップの活動内容や履修に関する手続きなどの説明をする。また、配当園の希望調査も行う。
事後指導	インターンシップ終了後に実施園に対してお礼状を書くことなどの指導。また、単位認定に関する説明他。

5．インターンシップ先との連携

担当部署等	教育学部　インターンシップ担当。
連携先について	内部（幼稚部）、私立幼稚園、公立幼稚園。
連携先の確保	学生の希望や居住地などを検討し、実習園を中心に依頼。
依頼の方法	担当者が電話で内諾をとり、その後書面で正式依頼。
派遣までの流れ	（1）　ガイダンスにて学生の住所と希望の調査。 （2）　（1）の調査をもとに担当者が実習園を中心に配当。 （3）　配当園に電話で趣旨説明及び内諾お願い。 （4）　内諾した配当園に正式な依頼状送付。 （5）　学生に配当園発表。 （6）　学生が園とオリエンテーション。 （7）　派遣。

6．実施にあたっての配慮事項

- 幼稚園側にインターンシップが浸透しておらず、そのため、実習と混同されることは多い。その結果、実施において現場、学生双方に戸惑いが起こることがあるので、実施前に丁寧な説明が求められる。
- 学生がインターンシップに充分に時間を取ることができる夏休みや冬休みは幼稚園も休みの場合が多いため、幼稚園でのインターンシップは原則、学期内での実施となる。週に1日は授業のない日を確保することが必要となるため、これが可能となる時間割作りや学内での行事や講座の運営なども求められる。

7．成果と課題

- 1年生秋学期から履修が可能であるため、専門科目の履修前にインターンシップを実施することができる。実践現場の迷惑となるケースもあるが、多くの学生は早い時期にインターンシップを履修することで、そこでの学びをその後の大学での授業に活かし、具体的な学びとすることができる。さらに、インターンシップ→大学の授業→実習と学びをステップアップさせることができたり相乗効果がみられたりすることも成果の1つといえる。
- 課題としては、実践現場の理解やその園の教育方針によって学びが変わることである。特に1年生の場合、初めて一定期間かかわる実践現場となるので、その園の教育方針がその後に影響することは少なくないため、実施園の選択は非常に重要なものとなる。

(調査実施日 2015年12月1日／執筆者：田澤里喜)

Part 2 インターンシップの事例 I

各大学におけるインターンシップの取り組み状況⑥

東洋大学（国際地域学部）

1．授業の概要

大学名	東洋大学	学部・学科	国際地域学部国際観光学科
授業科目名	ホスピタリティ課外実習	開設の時期	2年次
必修・選択	原則として必修	単位数	4（事前事後指導を含む）
運営の主体	教員	受講者数	約100名

2．取り組みのポイント

観光産業においてホスピタリティ系統の部門を目指す学生を対象としている。同様の活動を、別のインターンシップ科目として単位認定し、1度だけでなく、2度、3度とインターンシップを実施する機会を設けている。主に、夏期休暇中に、国内外のホテルや旅館におけるホスピタリティマネジメント、あるいは観光による地域振興を事業としている自治体や非営利組織などにおける観光振興の現場にて実習を行う。そのための事前事後の学習も、週に1コマ時間を設け、進めている。

3．授業の目標と計画

授業の目標	前半では、大学生のキャリア設計におけるインターンシップの意義、国内外のホスピタリティ産業の実態、傾向、課題などを理解する。後半では、具体的な事例、実際のインターンシップに必要な知識や技能を身につける。	
授業計画	テーマ	内　容
第1回	ガイダンス	
第2回	国内インターンシップで求められる知識・技能	
第3回	過去のインターシップの成功例、失敗例	
第4回	海外インターシップの実施手順と注意事項	
第5回	ホスピタリティ産業について	
第6回	国内のホスピタリティ産業事情	
第7回	海外のホスピタリティ産業事情	
第8回	企業による事例紹介	
第9回	自治体による事例紹介	
第10回	インターンシップ先の選定手法	

第 11 回	インターンシップ実施時の心構えと注意点	
第 12 回	インターンシップ実施時の心構えと注意点	
第 13 回	研修先の企業・事業の研究1（グループ学習）	
第 14 回	研修先の企業・事業の研究2（グループ学習）	
第 15 回	まとめ	
評価の方法	学習への取り組み、事例研究。	
教科書	特になし。	
参考書など	特になし。	

4．事前・事後指導について

事前指導	まず、インターンシップの意義を明確にし、それぞれの学生において、目標設定を明確にする。その上で、しかるべき研修先の選択などを、十分に調べさせ、検討させる時間を設ける。教員は、それらをサポートする。 アルバイトとは違うことも明らかにし、職業意識を持たせる。履歴書の書き方や訪問時の服装などについても丁寧な指導を行っている。
事後指導	事前学習時に設定した目標と以下に合致したか、しなかったかを検証、また反省するべき点などを明らかにする。 報告書等を作成し、期末には、協力企業を招き、成果発表会を行っている。

5．インターンシップ先との連携

担当部署等	人事・教育担当部門がほとんどである。
連携先について	連携と明文化されたものはないが、何年にもわたり、お世話になっている企業がほとんどである。
連携先の確保	例年お世話になっている企業がほとんど。また、観光庁のインターンシップ事業も活用している。 学生が自ら開拓してくる場合があるが、稀である。
依頼の方法	以下の通りの流れで、例年通りのやり方をおおよそ踏襲している。
派遣までの流れ	（1）インターン生の受入の可否を研修先に問い合わせ。 （2）受入可能であれば、受入の条件（期間、有給・無給、交通費や宿泊場所など）を協議の上、決定後、学生に公表。 （3）学生と事前学習の場や個人面談などの機会を設け、研修先の相談、また人数などの調整をして、研修先を決定。 （4）研修先と、条件等を明記した承諾書、覚書などを交わした上で学生の派遣。

6．実施にあたっての配慮事項

（1） 学生への自覚を促すこと。マナーの徹底。
（2） リスク管理、緊急時の連絡先、大学、担当する教員など、連絡網を作成。
（3） インターンシップ保険への加入。
（4） 海外研修時は、海外旅行保険への加入と保護者からの承諾。
（5） 学生のキャリア形成への一助となるように指導。

7．成果と課題

事前学習のみならず、通常の大学の授業での学びが実習を伴うことで、学生の理解を十分に深められること、また、インターンシップながら、実社会の入り口として経験ができることが、この授業のメリットである。そのため、インターン生としての自覚をしっかりもっているようで、ほとんどの学生が、真摯に（大学の授業以上に）実習に臨み、十分な成果をあげている。研修する学生によって、個々の課題は異なるが、事後学習で、ともに研修で学んだ仲間とも、最初に設定した目的、それに全うしたかどうかなど反省することが、学生にとって非常に実のあるものとなっている。

（調査実施日 2015 年 9 月 23 日／執筆者：道畑美希）

各大学におけるインターンシップの取り組み状況⑦

獨協大学（外国語学部）

1．授業の概要

大学名	獨協大学	学部・学科	外国語学部・交流文化学科
授業科目名	交流文化インターンシップ	開設の時期	2、3年次春学期
必修・選択	選択	単位数	4
運営の主体	交流文化学科	受講者数	14名

2．取り組みのポイント

（1）　対象企業は、ツーリズム系企業、組織。
（2）　春学期の授業、夏期のインターンシップ研修、9月の報告会の3部構成。
（3）　年度開始前に、エントリーのための説明会、及び選考を行う。

3．授業の目標と計画

授業の目標	インターンシップを通して自らの専攻、キャリアデザインに関連した就業体験を行うことで、働くことの意義や実社会の理解、さらに自己の職業への適応力等を学習する。	
授業計画	テーマ	内　容
第1回	オリエンテーション	春学期の授業概要、夏期の研修、9月の報告会などの全体説明を行う。
第2回	キャリアデザイン（1）	キャリアデザインについて基礎的な解説を行う。
第3回	キャリアデザイン（2）	〃
第4回	プレゼンテーション（1）	プレゼンテーションの基本の理解と実習。
第5回	プレゼンテーション（2）	〃
第6回	外部講師講演（1）	学外の講師を招聘し企業活動の理解を深める。
第7回	外部講師講演（2）	〃
第8回	外部講師講演（3）	〃
第9回	外部講師講演（4）	〃
第10回	外部講師講演（5）	〃
第11回	外部講師講演（6）	〃
第12回	インターンシップ先企業研究（1）	前年度インターンシップ経験者からの解説、質疑応答。
第13回	インターンシップ先企業研究（2）	〃
第14回	研修前準備（1）	研修関連の注意点、提出書類などの解説。
第15回	研修前準備（2）	〃
評価の方法	講義参画、研修先での評価、報告会での発表などを総合的に評価する。	

教科書	使用しない。
参考書など	特になし。

4．事前・事後指導について

事前指導	（1） キャリアデザインの理解。 （2） プレゼンテーション、コミュニケーション能力向上。 （3） 企業活動理解。 （4） マナー、礼儀を理解。
事後指導	報告会での発表をベースに、事前指導したことの向上度合いを確認、更に指導する。

5．インターンシップ先との連携

担当部署等	交流文化学科、キャリアセンター。
連携先について	ツーリズム系企業を中心に6社程度。
連携先の確保	学科教員より企業にアプローチする。
依頼の方法	直接依頼する。
派遣までの流れ	（1） 事前学習。 （2） マナー習得。 （3） 事前に企業研究。 （4） 企業に事前挨拶。 （5） 研修内容確認。

6．実施にあたっての配慮事項

（1） 企業側に歓迎される学生をおくる。そのために丁寧な選考を行う。
（2） 企業側に迷惑をかけず、大きな研修成果を得るために、事前学習を徹底する。
（3） キャリアデザインを理解する大事な機会であることを徹底する。
（4） プレゼンテーション、コミュニケーション能力の向上を図る。
（5） 研修後、学生から企業側への御礼を徹底する。
（6） 報告会にて、十分な成果をあげたかどうか確認、更に、指導も行う。

7．成果と課題

（成果）
参加者全員が半年間で大きく成長する。
（課題）
選考を実施するため、希望学生全員に機会を与えることができない。
尚、当該インターンシップとは別に、キャリアセンター主催の全学インターンシップがあり、当該インターンシップのような事前講義がない、また単位取得ができない等の違いはあるものの、大勢の学生に機会を提供している。

（調査実施日 2016年9月20日／執筆者：井上泰日子）

Part 2 インターンシップの事例 I

各大学におけるインターンシップの取り組み状況⑧

新潟大学（法学部）

1．授業の概要

大学名	新潟大学	学部・学科	法学部
授業科目名	インターンシップⅠ〜Ⅳ	開設の時期	3年次4月〜11月
必修・選択	選択	単位数	2〜4
運営の主体	インターンシップ実行委員会	受講者数	59名

2．取り組みのポイント

（1） 担任制の採用／学生を実習先の産業別にグループ分けし、レポート添削、インターンシップにかかわる指導・相談、その他のサポートを各グループ担当教員が行う。
（2） 自己開拓方式での実習先獲得／学生自ら実習先を新規開拓する方式を実施。
（3） 事前・事後研修の体制／2015年度「文部科学省 大学間連携協働教育推進事業」により開発した学修支援ツールを導入。インターンシップと大学での学びとの関連を意識させることで、学生の主体的学修を促すことを目標とした研修を実習の前後に行う。

3．授業の目標と計画

授業の目標	（1） 「働くこと」の意義と目的を理解できる。 （2） 社会・経済の仕組みへの理解を深めることができる。 （3） 業態・業界に関する知識を得ることができる。 （4） コミュニケーション能力を身につけることができる。

日程	テーマ	内容
4月初旬	説明会	インターンシップとは・アンケート実施。
5月〜6月	実習受入先選定	実習先の調査、申込。
5月12日	オリエンテーション	インターンシップ概要説明。 体験報告会。
6月	申請	エントリーシート提出。 自己開拓。
6月9日	書類審査・面接	業種ごとに集団面接。
6月18日	実習派遣学生決定	グループ分け。
6月30日	事前研修	自己理解・企業研究・目標設定。グループワーク。
7月13日	事前レポート	各グループ担任に提出、添削。
7月14日	事前研修	マナー講座。スケジュール、注意事項確認。
7月31日	添削済レポート提出締切	実習先へ送付。
7月下旬	実習先訪問	インターンシッププログラム、日程等打ち合わせ。
8月〜9月	インターンシップ実習	実習日程表・実習日誌作成。
10月5日	事後レポート提出	各グループ担任に提出、添削。
	事後レポート提出締切	実習先へ送付。

11月	事後研修	体験報告・振り返り(グループワーク)。
評価の方法	平常点(30%)、レポート(40%)、実習先の評価(30%)。	
教科書	特になし。	
参考書など	特になし。	

4．事前・事後指導について

事前指導	・ガイダンス・事前説明会。 ・体験報告。 ・事前研修(1) グループワーク。 ・事前レポート(添削指導)。 ・事前研修(2) ビジネスマナー研修。
事後指導	・事後レポート(添削指導)。 ・事後研修(1) グループワーク。

5．インターンシップ先との連携

担当部署等	インターンシップ実行委員会委員長。 法学部学務係。
連携先について	官公庁(県庁、市役所、労働局等)。 民間企業(銀行、證券会社、ホテル、百貨店等)。 法律事務所、司法書士事務所等。
連携先の確保	本学部キャリアセンターによる依頼(県内企業等)。 学部独自の連携先(法律事務所、司法書士事務所)。 学生自身による開拓(県外企業、官公庁)。
依頼の方法	本学部キャリアセンターが窓口となり受入依頼。また前年度までに受入実績のある法律事務所等は本学部で意向調査を行い、回答を得た事務所に依頼。その他、自己開拓は各学生がメール、電話等で直接依頼。
派遣までの流れ	4月〜6月　連携先の選定・受入依頼書送付・派遣先決定。 6月　派遣学生選考(エントリーシートと面接)。 6月　派遣学生決定通知。 7月　連携先へ誓約書、履歴書、事前レポートを送付。覚書(協定書)締結。 7月　事前訪問・打合せ。 8月〜9月　実習。

6．実施にあたっての配慮事項

新潟大学法学部では1997年から「大学から現場に」というコンセプトでインターンシップを実施しており、キャリア意識形成、就業力育成の基礎科目と位置付けている。
・実習先にはインターンシップ実施要項をあらかじめ送付し、本学部インターンシップの趣旨、目的についての理解と協力を得られるようすること。
・事前事後研修において目標・効果や大学での学修との関連を意識付ける。
・実習プログラムや日程表、実習日誌により実習内容の確認を行う。
などインターンシップの教育効果と社会への架橋という側面に配慮して実施している。

7．成果と課題

(成果)
実習終了後、連携先の企業及び受講学生へアンケートを実施した結果をみると、進路・就職に対する意欲の向上、職業理解の促進、学修意欲の向上などがあげられる。インターンシップ受講が進路を熟慮する契機となりその後の就職活動への意欲、取り組みに活かされたのではないかと思われる。
(課題)
- 大学生活を見直し、主体的な学修につながるカリキュラムとすること。
- 学内における連携体制の整備。
- 法学部教育として新しいインターンシップを位置付けていくこと。

（調査実施日 2015 年 9 月 14 日／執筆者：田村明子）

Part 2 インターンシップの事例Ⅰ

各大学におけるインターンシップの取り組み状況⑨

文教大学（情報学部・国際学部・経営学部）

1．授業の概要

大学名	文教大学	学部・学科	情報・国際・経営学部
授業科目名	インターンシップ	開設の時期	2年次秋学期
必修・選択	選択	単位数	2
運営の主体	インターンシップ委員会	受講者数	実習者180名／登録者約70名

2．取り組みのポイント

（1） 期間は、実質10日以上であり、それより短い期間での実習は単位修得の対象とならない。長期のインターンシップは「専門インターンシップ」（国際学部）の履修で行う。
（2） 実施時期は、夏期、春期の2つがある。夏期は8〜9月の夏期休暇の他、秋学期（9月以降）に入っても構わない。その際は、授業受講に影響のないよう配慮する。春期（2〜3月）は、国際学部を中心に実施する。
（3） キャリア教育の課程において、インターンシップが組み込まれている。

3．授業の目標と計画

授業の目標	（1） 学生が自己責任にもとづいて、より高い職業意識と職業観を育成し、納得できるよりよい職業選択をできるようにする。 （2） 実務経験を通じて、人生設計の手掛かりを探る。など

授業計画	テーマ	内容
第1回	研修の狙い、研修スケジュールの確認	インターンシップとは、インターンシップ参加の目的、など。
第2回	学生と社会人の違い	学生と社会人の違いは何か（目的、立場、収入、時間、指導者について）。
第3回	働く理由	働く理由、自分にとって働く理由は何か、アルバイトと正社員の違い。
第4回	会社で働くということ	会社が求める人材能力、社会人としての意識、就職内定までの流れと決定要因。
第5回	マナーとは何か	マナーの種類、必要性、見られたい自分像、自分自身の印象、印象アップのポイント。
第6回	第一印象の気づき	チェックポイント、各要因別自己評価、良かった点、第一印象の重要な点。
第7回	自己紹介のポイント	自己紹介を行う際の各ポイント、傾聴する際に考慮するポイント。
第8回	第一印象の重要性	第一印象の構成要素、視覚的要素の重要性（表情、立ち方、ビジネス距離）。
第9回	視覚的要素	動作、お辞儀、身だしなみとその評価基準。
第10回	感覚的要素	基本の敬語（謙譲語、丁寧語、尊敬語）。

第11回	聴覚的要素	言葉の工夫（否定文、命令文、クッション言葉）、電話応対、伝言の受け方・伝え方。
第12回	マネジメント・サイクル	自己管理上の5段階の確認（PDCLA）。
第13回	報告・連絡・相談	ホウレンソウの内容確認。
第14回	インターンシップ先への御礼状の書き方	お世話になった方々への御礼状（書き方のポイント、作成上の注意点）。
第15回	インターンシップで得たものの確認と活用	インターンシップの成果、今後の就職活動への活かし方、キャリア・アップへの活かし方。
評価の方法	事前研修・事後研修・体験報告会への出席状況、実習受入先の評価表記入内容、実習生の体験報告の内容などをもとに総合的に評価する。	
教科書	資料を配布する。	
参考書など	特になし。	

4．事前・事後指導について

事前指導	（1） 学生のさまざまな疑問に答える：受入先企業・機関の所在地・担当部署・担当者名、実習計画や内容、実習の方法、など。 （2） インターンシップ・スケジュールの遵守確認：事前研修、実習、実習中の委員会の訪問、終了報告書の提出、事後研修、体験報告会、など。 （3） インターンシップ中に遵守する内容や保険の確認：誓約書の記入、など。
事後指導	（1） 成果の確認と就職活動におけるその効果の確認。 （2） キャリア・アップ指導。 （3） 以降の人生におけるインターンシップの意味。

5．インターンシップ先との連携

担当部署等	インターンシップ先の開拓・連絡：インターンシップ委員会（各学部）。インターンシップ先への書類送付など：キャリア支援課。
連携先について	観光・国際分野：ホテル、旅行会社、エアライン、イベント、国際機関。 総合・公務分野：県庁、市役所・町役場、その他各種企業。 その他、情報サービス分野、メディア分野、など。
連携先の確保	インターンシップ希望者数、希望内容を考慮して、受入先を確保する。受入の継続、拡大、新規開拓を実施。正式には「覚書」を締結する。
依頼の方法	大学紹介、教員紹介、学生の自己開拓がある。 学生の自己開拓は、学生がインターンシップ委員会に申請の上、了承を受ける。 各種のルートを通して自分で開拓。大学からの仲介機関の紹介もある。
派遣までの流れ	（1）申し入れに伴なう実施要項の送付・確認。 （2）受入先との事前打合せ（条件・内容の決定）。 （3）実習計画（プログラム）の受け取り（特に新規の場合など）。 （4）「覚書」の作成・交換。 （5）インターンシップ希望者説明会・募集。 （6）（大学紹介）選考、（教員紹介、学生の自己開拓）申請。 （7）実習生の決定。 （8）実習生向け実施説明会の開催。 （9）実習書類（勤務状況表、週報、評価表）の受入先への提供。 （10）実習生の事前研修。 （11）派遣

6．実施にあたっての配慮事項

（1）不適切な受入先（肉体労働による研修など）があれば、除外する。
（2）実習希望者と業界・職務・実習期間のマッチングを行う。
（3）事前研修により、実習生の資質・意欲を確保し、向上させる。
（4）受入先、実習生から問題点や要請があれば、聴取する。
（5）キャリア教育の一環として、インターンシップを活用できるように図る。

7．成果と課題

（成果）
（1）実習生のコンピテンシー向上。
（2）1年次からのキャリア教育との連動による学生の将来設計能力の向上。
（3）受入先企業・機関との就職を含めた良い関係の維持。
（課題）
（1）事前・事後研修を正式カリキュラムに取り入れる必要性。
（2）国際インターンシップの拡大。
（3）インターンシップ期間に応じて単位が変動する方式の採用検討。

（調査実施日 2015 年 9 月 28 日／執筆者：那須幸雄）

各大学におけるインターンシップの取り組み状況⑩

ものつくり大学（技能工芸学部）

1．授業の概要

大学名	ものつくり大学	学部・学科	技能工芸学部 製造学科・建設学科		
運営の主体	就職・インターンシップ委員会及び各学科				
学科・学年・開設時期	授業科目名	必修・選択	単位数		受講者数 （平成27年度）
製造・ 3年・2Q	インターンシップA	選択	8（40日）		84人
製造・4年・ 原則2Q	インターンシップBⅠ インターンシップBⅡ	選択	4（20日） 8（40日）		3人
建設・ 2年・2Q	基礎インターンシップ（一般・建築士・測量）	選択必修	8（40日）		152人
建設・4年・ 原則2Q	専門インターンシップ（一般・建築士・測量）	選択	8（40日） 16（80日）		8人

2．取り組みのポイント

- ものづくり教育の基礎となるカリキュラムの中で、将来企業で活躍するための社会人基礎力を身に付けるキャリアアップ教育として位置付ける。企業活動の厳しさに触れることで学修の意欲を高め、さらに自発性、協調性、マナーなど、社会人としての素養を高める。
- 製造学科のインターンシップA及び建設学科の基礎インターンシップは、実務現場での研修を通して、仕事をする意味や職場での考え方、コミュニケーションの必要性などを体得することを目的として実施しており、キャリアアップ教育の役割を果たすものである。
- 4年次には、製造学科のインターンシップB、建設学科の専門インターンシップとして、卒業研究などに繋がる高度なインターンシップを正規科目として配置している。
- また、事前に企業側と相談の上、問題・課題解決型の研修テーマ（PBL型研修）を決め、その問題・課題解決を目指した研修も可能としている。
- 本学のインターンシップは、実働40日間で原則として全学生が参加することとなっており、学生には、ディプロマポリシーに定める主体性や創造性に関する能力の伸長を期待。

3．授業の目標と計画

授業の目標	＊製造学科では、機械加工・設計・電気・制御・情報・生産管理・マネジメントなどについて、製造業及び関連する企業等の生産現場・実務現場での研修を通して、ものづくりに関連する業務のさまざまな様態に触れ、工夫する力、創造性を養うとともに、仕事をする意味を理解し、自らの適性を見つめ、将来像を構築することを目的としている。 ＊建設学科では、建築・土木・木造・設計・エクステリア・インテリア・施工管理などについて、建設業及び関連業のさまざまな様態を知り、建設現場の実務の流れ、段取、工程計画・管理、安全などの基本事項を体験し、今後、自分が果たしうる役割を考える機会とすることを目的としている。

Part 2　インターンシップの事例Ⅰ

授業計画	テーマ	内容
事前学習	事前説明会（前年度12月）	インターンシップの目的や課題を理解させることを目的に実施。
	事前説明会（前年度1月）	インターンシップ受入先企業リストを学生に開示し、希望調査を実施。
	教員と学生のマッチング面談（前年度2月）	インターンシップ受入先仮配属を学生に発表し、企業担当教員と面談を行うことで、学生に研修希望内容との相違を減らすために実施。
事前学習つづき	企業への学生紹介等の書類手続き（前年度2月～）	学生紹介票、誓約書を学生に記入させ、協定書と併せて受入先企業に受入の許可を得る。
	安全セミナー（5月）	研修先での安全行動を遵守するため、安全講習会を実施。原則、全学生の受講を義務付け。 （建設）木工機械安全講習も必要な学生に実施。
	社会常識セミナー（5月）	研修先での社会常識を理解させ、受入先企業等での最低限のマナーを身に付けさせるため、講習会を実施。原則、全学生の受講を義務付け。
	企業との事前面談	企業側から希望があった場合、PBL型とする予定の場合等で事前面談を適宜実施。
実習内容	インターンシップの期間 原則として第2クォータ 6月中旬～8月初旬 実働40日間	インターンシップ開始日までに、受入先企業担当者と調整し、インターンシップ開始報告書及び実習予定表を作成し、担当教員に提出する。
		インターンシップ期間中は毎日日報を付け、毎週週報を指導教員に送付する（メール可）。
		インターンシップ期間中は、担当指導教員が巡回指導を行い、学生には体調面やメンタル面、研修内容等の話を、企業には、学生の研修態度や研修意欲等の意見を聞き、インターンシップ内容に沿った研修が行われていることを確認する。
		インターンシップ終了直後は、終了を指導教員に報告し、受入企業に御礼の挨拶。
事後学習	レポートの提出	終了後に成果報告書及びレポート（以下の内容を含む）を担当教員に提出する。 ①研修の概要、②研修予定（開始報告に記載）との相違点、③研修の中で最も印象的であったこととその理由、④研修の中で疑問や問題と感じたことと、それに対する対応や考察、⑤今回のインターンシップにおける反省点と今後の目標。
	インターンシップ成果の個別報告	インターンシップの成果を発表する報告会を実施（学科や研究室単位等）。
	インターンシップ成果報告会	全学を対象として、受入先企業担当者等も招いて発表会を行う。

	インターンシップ成果報告書	一定の様式で成果を取りまとめ、全学で整理した冊子を作成している。
評価の方法	（製造）出席状況40％、取組みの企業評価40％、報告書・発表の評価20％。 （建設）ノート30％、受入先の評価表40％、報告書30％。	
教科書	受入先企業や指導教員から指定があったもの。 専門分野の内容にかかわるもの。	
参考書など	先輩の実習報告書等。	

4．事前・事後指導について

事前指導	上記授業計画に記述。
事後指導	上記授業計画に記述。

5．インターンシップ先との連携

担当部署等	学務部学生課　就職・インターンシップ係、就職・インターンシップ委員会。
連携先について	製造学科：平成27年度、90社受入可能、58社受入。 建設学科：平成27年度、207社受入可能、101社受入。
連携先の確保	大学と「ものつくり大学教育研究推進連絡協議会」（全国組織）、「ものつくり大学埼玉県地域連絡協議会」（埼玉県内の組織）が密に連絡を取るなど。
依頼の方法	前年度までの受入企業への依頼、教員による新規開拓、学生の希望、など。
派遣までの流れ	上記授業計画に記述。

6．実施にあたっての配慮事項

実務重視の本学ではインターンシップは重要な科目と位置付けている。今後とも制度の刷新や企業からの意見の尊重などへの一層の配慮が必要と考えている。

7．成果と課題

（成果）
インターンシップ終了後の学生によるアンケートでは、①自分の将来像への意識、②段取りの重要性、③「報告・連絡・相談」の大切さ等があげられている。また、今後の学習課題を見つけた学生や安全意識の重要性、時間厳守の重要性といった意見が見られた。
（課題）
技能を重視した教育内容をメインに構成されている大学であるため、インターンシップ期間中の安全対策や事故発生時の対応方法等が課題であり、保険の義務化等を実施。

（調査実施日 2016年5月1日／執筆者：宮本伸子）

各大学におけるインターンシップの取り組み状況⑪

横浜創英大学（看護学部）

1．授業の概要

大学名	横浜創英大学	学部・学科	看護学部
授業科目名	基礎看護学実習Ⅱ	開設の時期	2年次後期
必修・選択	必修	単位数	2
運営の主体	看護学部	受講者数	93名

2．取り組みのポイント

- 学生は、1年次と2年次前期に学んだ看護実践の基礎となる知識と技術を統合し、実際の臨床現場で患者を受け持ち、教員や看護師の指導のもとで看護援助を実施する。
- 教員は、この実習を通して学生自らの看護観を養うことのみならず、社会人としての職業観や職業意識の醸成も視野に入れ指導にあたる。

3．授業の目標と計画

授業の目標	（1）患者の生活の個別性を明らかにし、健康生活のニーズの充足やセルフケアを促す生活援助を行う。（2）学生自身が自分の行った援助を振り返り、看護についての理解を深める。	
授業計画	テーマ	内容
第1回	オリエンテーション1	実習病院・病棟・グループメンバー・医療情報システムの規則を理解する。
第2回	オリエンテーション2	実習の意義・目的・目標、及実習に臨む際の基本事項（感染防止・守秘義務）を理解する。
第3回	オリエンテーション3	実習記録の記入方法及び自己の課題を理解するグループメンバー、教員と顔合わせをする。
第4回	オリエンテーション4	各施設・病棟における実習上の留意点を理解する。
第5回	学内実習	カンファレンスの意義と方法を学ぶ。既修得科目・看護技術の復習をする。
第6回	病院実習1日目	病棟オリエンテーションを受ける。受持ち患者の情報収集を行い、状態を把握する。
第7回	病院実習2日目	受け持ち患者の状態のアセスメントを行う。
第8回	病院実習3日目	受け持ち患者の看護上の問題を考える。
第9回	学内実習	グループメンバー、教員と討議し、受け持ち患者の看護上の問題の優先度を考える。
第10回	病院実習4日目	臨床の看護師と共に、計画した看護援助を実施する。
第11回	病院実習5日目	臨床の看護師や教員の助言をもとに、実施した看護援助を評価・修正する。

第12回	病院実習6日目	臨床の看護師や教員の助言をもとに、看護計画を評価・修正する。
第13回	学内実習	グループメンバーで実習の体験や気づきを意見交換し、学びを共有し理解を深める。
第14回		実習の学びや自己の課題をレポートに記述する。
第15回		実習記録を提出し、教員から評価面接を受ける。
評価の方法	当該時間数の4/5以上の出席を評価の基礎条件とする。実習評価表60％、実習態度20％、レポート20％として総合的に評価し、60％以上を合格とする。	
教科書	茂野香おる等『系統看護学講座　基礎看護技術Ⅰ』（医学書院、2014年） 任和子等『系統看護学講座基礎　看護技術Ⅱ』（医学書院、2014年）	
参考書など	秋葉公子等『看護過程を使ったヘンダーソン看護論の実践』（廣川書店、2013年）	

4．事前・事後指導について

事前指導	・看護援助の提供に必要な知識や技術の修得を十分に行って臨むよう指導する。 ・実習前オリエンテーションで、社会人としての心構え（礼儀、服装、報告、連絡、相談）、実習病院の概要と注意を再確認し、実習施設のチームの一員として参加する姿勢を意識付ける。（4時間）
事後指導	学生は、実習終了後にメンバーと意見交換し、教員からの助言をもとに、学生の行った援助が、対象にとって適切な看護であったか否かを振り返る。また、「個別性に応じた看護を実践する意義と自己の課題」をテーマとした4000字のレポートと学生自己評価表を基に評価面接を行い、職業観や看護学の理解・関心を深めていくよう意識して指導にあたる。（2時間）

5．インターンシップ先との連携

担当部署等	大学看護学部（基礎看護学領域の実習担当教員）。
連携先について	特定機能病院、地域医療支援病院、一般病院等。
連携先の確保	実習場は、近郊の医療施設の協力によって成り立っている。大学は、文部科学省の規定にもとづいて年間実習計画を作成し、近隣病院との話し合いにより実習先を決定する。
依頼の方法	大学と提携先実習病院とで公文書を交わす。大学は、病院の実習指導看護師と調整会議を持ち、受入人数・病棟数・実習方法について協議する。
派遣までの流れ	・大学と病院とで実習調整会議を持ち、大学側が作成する実習要項に沿って実習意義、目的、方法を共有する。 ・学生は、履修ガイダンスに沿って履修登録を行う。 ・大学の実習担当者は学生の居住地等を検討し病院を割り当て、オリエンテーションを開催する。 ・実習当日に誓約書（電子カルテ閲覧許可書・実習同意書）を受入病院に提出する。

6．実施にあたっての配慮事項

- 感染防止対策：実習中、毎朝体温を測定し体調管理表に記載する。院内感染防止のため標準予防策を実施する。大学は、実習病院に学生の自己免疫状況・ワクチン接種状況を事前に報告する。
- 個人情報の取り扱い：カルテの閲覧は病院内の定められた場所で行う。実習中に知り得た情報はSNSに書き込まない。個人情報保護に関する誓約書を病院、大学、受け持ち患者に提出する。
- 安全対策：看護援助を提供する際には患者氏名をフルネームで確認し、指導のもとに、対象に合った適切な看護方法を選択する。また、手袋やマスクの装着、実習病院のマニュアル遵守、器材の正しい使用方法の遵守を徹底する。
- 災害時の対応：実習病院の規則及び担当教員の指示に従う。
- その他：報告、連絡、相談を徹底する。

7．成果と課題

（成果）
看護学生は基礎看護学実習Ⅱを通して、看護専門職としての高度な医療知識や多職種連携、そして臨床で実際に行われている看護技術に触れ、職業意識の育成と、看護に対する意識の再確認ができる。また学生指導にあたった病院の看護師は、指導を通して、看護教育のあり方や病院の職場環境改善について考える機会を得る。

（課題）
実習終了日の大学教員・病院看護師・師長によるカンファレンスにて、実習目標に沿って意見交換を実施し、今後の実習方法の改善と充実につなげる。また、受入先との連携強化や担当教員間における指導の統一を図っていくことが今後の課題である。

（調査実施日 2015年9月9日／執筆者：鈴木　恵）

Part 3
インターンシップの事例 II
企業等におけるインターンシップの受入状況

Part 3 インターンシップの事例Ⅱ

企業等におけるインターンシップの受入状況①

株式会社ゼルビア（FC町田ゼルビア）

1．受入の概要

企業名	株式会社ゼルビア（FC町田ゼルビア）	所在地	東京都
主な受入部署	運営・プロモーション課		
主な受入期間	夏季休暇期間の10日間		
受入者数（実績）	約20名		

2．受入の要件等

玉川大学が定める所定の学部に所属する学生の中で、夏季休暇期間に実施されるインターンシップ（企業研修プログラム）に応募した学生。

3．受入の目的と体験の内容ならびに方法

受入の目的	弊社と学校法人玉川学園との間で結んでいるパートナーシップの一環として。
体験の内容	• ホームゲーム運営業務。 • メディア対応、選手への取材などの広報業務。 　※取材内容のホームページ掲載。 • 営業担当とパートナー企業訪問。 • グッズ販売業務。 • ホームタウン活動（地域のお祭りや大規模イベントなどへの参加）。 • チケット販売業務。
体験の方法	• 原則、各部署のスタッフとともに行動し、活動前にはその活動の目的や概要、また企業訪問では訪問先の企業場や関係などを説明。活動終了後にはその活動の要点を改めて説明。 • 1日の活動の最後に活動日誌を提出いただき、それに対し、インターンシップ担当よりフィードバックを行うことで、当日の活動の理解を深めてもらう。

4．受入の条件について

応募要件	玉川大学が定める所定の学部に所属する学生の中で、夏季休暇期間に実施されるインターンシップ（企業研修プログラム）に応募した学生。
費用の負担など	特になし。

5．大学との連携

担当部署等	運営・プロモーション課。 営業・ホームタウン課。
連携大学について	玉川大学。
連携大学の確保	クラブパートナーシップにもとづく。
依頼の方法	クラブパートナーシップにもとづく。
受入までの流れ	（1）担当学部と日程の調整。 （2）学内でインターンシップの募集。 （3）応募者の中から選考。 （4）受入学生の決定と弊社への通知。 （5）学生より弊社担当宛に事前連絡。 （6）受入初日。

6．実施にあたっての配慮事項

- 参加学生に対しより良い活動を提供すべく、社内のあらゆる業務に触れる機会を与えるとともに、極力社外に出て、人と会うことができる活動を作っていくことを考えている。
- また社員から積極的に参加学生に声をかけていくことで、活動期間中、社員とコミュニケーションをとりやすい環境を構築し、楽しんで活動してもらえるように工夫している。

7．成果と課題

弊社に参加した全ての学生から、他企業に参加した友人と比較して、非常に有意義な活動ができたと評価をいただく一方、企業規模が小さく、組織として未熟であるがゆえに、細部にわたる指導やきめ細かいフィードバックができていないので、その部分を強化していくことが今後の課題である。

（調査実施日 2015 年 12 月 15 日／執筆者：田口智基・山田信幸）

Part 3　インターンシップの事例Ⅱ

企業等におけるインターンシップの受入状況②

株式会社ディグ

1．受入の概要

企業名	株式会社ディグ	所在地	東京都
主な受入部署	本社		
主な受入期間	10日間		
受入者数（実績）	33人		

2．受入の要件等

【神奈川県環境インターンシップ研修】
大学生や大学院生に、インターンシップの機会を提供している。環境配慮に積極的に取り組んでいる企業の業務を体験して、環境保全や環境問題の解決に必要な意欲及び実践的能力を有する人材を育成することを目的とした研修を受け入れている。
【目白大学社会学部メディア表現学科研修】
出版業および印刷業への理解を深めるというインターンシップの目的に賛同し、同学科の研修を受け入れている。

3．受入の目的と体験の内容ならびに方法

受入の目的	・パブリシティー：自社について、広く知ってもらうため。 ・社員の募集：熱意のある学生を社員として採用するため。 ・社員教育：社員をインターンシップにかかわらせることで社員教育が期待できるため。 ・新規ビジネス：新規ビジネスを創り出すため。
体験の内容	・企業の環境活動の理解：印刷業の環境活動について学ぶ機会とする。環境負荷低減やエネルギーコスト削減が企業経営にどのように役立つかを理解する。同時に、関連会社である環境ソリューション企業の事業内容への知識を深め、新規ビジネス創出の重要性を認識する。 ・課題内容の検討と取り組み：上記の内容を元に、取り組む課題を検討した上で、さらに課題に取り組み、プレゼン資料としてまとめる。有識者へのヒアリングも行う。 ・プレゼンテーション：課題について関係者の前でプレゼンテーションを行う。 ・キャリアパスを理解するための企業社員との懇談：企業社員との懇談を通じ、自身のキャリアパスについて見識を深める。

体験の方法	・学生の自主性を喚起。 　自ら課題を考え解決方法を導き出す上で必要な自主性を喚起する。 ・他大学の学生との交流を重視。 　他大学の学生と交流することにより、幅広い考え方を身につける。 ・チームで活動することを重視。 　メンバー各自の能力を組織（チーム力）として結合させる。 ・社会人としての意識を醸成。 　社会人に必須のマナーを学ぶ。 ・プレゼンテーションを重視。 　毎回、メディアや自社の関係者（取引先など）を招き、課題への取り組みや成果をプレゼンする。

4．受入の条件について

応募要件	特になし。
費用の負担など	交通費（実費）。

5．大学との連携

担当部署等	特になし。
連携大学について	目白大学（他大学の応募学生については、その都度選抜する）。
連携大学の確保	特になし。
依頼の方法	特になし。
受入までの流れ	学生の希望による。

6．実施にあたっての配慮事項

社外での活動で怪我がないように注意する。

7．成果と課題

・9年間インターンシップを継続することで、社内外へわが社の情報発信ができている。新卒採用の実績もあり、優秀な社員の獲得が可能となっている。
・自社で受け入れたインターンシップ生が社会人となった際、本人の糧となるようなインターンシップとすることが課題である。

（調査実施日 2015 年 10 月 7 日／執筆者：古閑博美）

企業等におけるインターンシップの受入状況③

クラブツーリズム株式会社

1．受入の概要

企業名	クラブツーリズム株式会社	所在地	東京都新宿区
主な受入部署	人事部　採用育成チーム		
主な受入期間	2015年度　東京会場全7回		
受入者数（実績）	駒澤大学学生は平成27年度15名受入、公募は各回50名程度		

2．受入の要件等

駒大枠については、大学に一任。

3．受入の目的と体験の内容ならびに方法

受入の目的	・日本社会が少子高齢化、地球温暖化、人口減少など多くの課題を抱えている中で、クラブツーリズムはこれまでにないテーマを掲げ、培ってきた強みを生かし、社会変革に挑もうとしている。そこで求められるのが、若者とシニアの世代を超えた強い意志の融合である。 ・クラブツーリズムでは「日本の未来を創る熱いコミュニティ」を作る、世の中を変えたいという強い意志をもった学生に出会いたい。1人でも多くの方と接点を作りたいという思いから、「駒澤大学の学生枠」を設定している。
体験の内容	（1）　旅行業界理解。 （2）　新規事業企画。 （3）　プレゼンテーション。 ・ビジネスについてのレクチャー。 ・グループディスカッションによる新規事業提案。 ・2日間の成果として最終日にチームで企画した提案を発表する。 ・各回優秀な発表をされたチームには、11月開催の決勝大会、Ambitious Episode "Tabi" に進める。（2015年11月6日（金）〜7日（土）1泊2日開催・宿泊型インターンシップ）。 ・決勝大会に向けては、9月〜10月にかけて会社に足を運んでもらい、ブラッシュアップとフィードバックを重ねながら富士山山麓の舞台にて日本一を目指す。
体験の方法	クラブツーリズムが創る「感動をデザインする旅」を体感。 【新規ビジネス提案コース】 ・ビジネスパーソンとして欠かせないビジネス視点からの社会の捉え方や、新しい仕組みを創るためのフレームワークを学ぶ。 ・これまで「旅行」という切り口から挑戦を続けてきたクラブツーリズムを題材に、日本社会に影響を与えるような新しいビジネスを創り、チームに分かれて企画立案していく。 ・勝ち抜いたチームは、日本一のビジネスを決める決勝戦 Ambitious Episode "Tabi" のステージへ。 ・ファイナル・プレゼンテーションのステージは、日本一にふさわしい舞台、日本最高峰の富士山の山麓。全国各地の仲間とともに切磋琢磨し、挑む。自然に囲まれた大ホールでのプレゼンテーションを経験。

4．受入の条件について

応募要件	学年、学部学科不問。大学としては、就職活動を控えている3年生が主な対象と考えている。
費用の負担など	交通費・日当などの支給はなし。 当日2日間の昼食を用意。 決勝大会では、クラブツーリズムが交通費、宿泊費、食事代を負担。

5．大学との連携

担当部署等	人事部　採用育成チーム。
連携大学について	
連携大学の確保	
依頼の方法	
受入までの流れ	駒澤大学の学生の受入に関しては、大学で募集、推薦を行う。 参加いただくにあたり、特にクラブツーリズムにおいて、実施する面接、選考、必要書類はない。 駒澤大学独自の選抜を必要とする場合や定員よりも多くのご応募をいただいた場合の選出方法や対応についても駒澤大学に一任。

6．実施にあたっての配慮事項

キャリアセンター経由としての受入なので、インターンシップ期間に配慮。駒澤大学の夏季休業が8月1日～9月15日のため、平成27年度の受入期間は、8月25日（火）～8月26日（水）となっている。

7．成果と課題

キャリアセンターの皆様のご尽力のおかげで、弊社に理解を示し親和性の高い学生を選抜して送って下さっています。おかげでディスカッションが活発に行われています。（クラブツーリズム株式会社人事部採用育成担当　真木さや加氏より）

（調査実施日 2015年9月24日／執筆者：菊原武史）

企業等におけるインターンシップの受入状況④

多摩信用金庫

1．受入の概要

企業名	多摩信用金庫	所在地	東京都
主な受入部署	人事部		
主な受入期間	①たましん学生塾（6月～翌年2月）：9回（月1回×9か月）／②夏季インターンシップ（8月）：5日間／③1DAYインターンシップ（2月）：1日		
受入者数（実績）	①たましん学生塾（2013年より開始）：対象は23大学。募集はキャリアセンター（以下、キャリアセンター：名称は大学によって異なる）に依頼。14大学31名／②夏季インターンシップ：毎年実施。12～14大学各1名～2名／③1DAYインターンシップ（2015年より）：39大学140名		

2．受入の要件等

①は、キャリアセンターに依頼。応募者は面接し、選抜。②は各大学のキャリアセンター推薦。③は一般公募。

3．受入の目的と体験の内容ならびに方法

受入の目的	①たましん学生塾：多摩信用金庫80周年記念行事の一環としてトップダウンで開塾。地域貢献。多摩地域での雇用と地域で活躍する人材の育成を目指す。 ②夏季インターンシップ：社団法人TAMA産業活性化協会産学連携のインターンシップ事業参加から、地域貢献などの観点から実施。 ③1DAYインターンシップ：企業研究の機会提供の場として実施。
体験の内容	①たましん学生塾は、9か月間にわたり、月に1回（土曜日10時～16時）開催。個人、法人、地域の課題解決を知るグループワーク、フィールドワーク、就業体験他。最終回は学生のプレゼンテーションによる修了式。 ②夏季インターンシップは、5日間コースを実施。本部での座学（月・水・金）と営業店での就業体験。以下、2014年度に実施したカリキュラム。 　月：午前　オリエンテーション、たましんの概要、信用金庫の業務と仕事 　　　午後　CSとビジネスマナー、札勘練習など。 　火：午前　価値創造事業部「法人・個人・地域に関する取り組み」。 　　　午後　見学及び講義「Winセンター」「たましん地域文化財団」「すまいるプラザ国立」「サイバーシルクロード八王子　ブルームセンター」。 　水：午前　営業同行／午後　営業同行、預金事務、融資事務。 　木：午前　ロビー業務 　　　午後　価値創造事業部「フィールドワーク研修」取引先企業2社見学。 　金：午前　人事部「リクルート講座・模擬面接」。 　　　午後　人事部「模擬面接・グループワーク・まとめ」。 夏のインターンシップは、業界研究の機会とし、地域金融機関としての金庫のビジネスモデル等を伝えている。 ③1DAYインターンシップは、グループワークによるロールプレイ（話法、業務）、入社5年目程の若手社員の体験談スピーチなどを実施。従来は採用につながらなかったが、近年は3～4名内定者あり。 ※②③は、同金庫によるインターンシップ選考はしていない。①の選考面接は採用基準に沿っており、結果として採用につながっている。①②③とも今後継続の予定。

体験の方法	①たましん学生塾を希望する学生は、多摩信用金庫人事部にて採用基準に則った面接を受け、合格者は同金庫にて長期インターンシップに参加。②夏季インターンシップは、業界研究の機会とし、地域金融機関としての金庫のビジネスモデル等を学ぶ。採用への具体的な誘引はしていない。③1DAYインターンシップは、上記内容の他に「たましんの課題解決を知るセミナー」などを体験する。

4．受入の条件について

応募要件	①たましん学生塾は各大学のキャリアセンター推薦が必要。選考面接は多摩信用金庫人事部にて実施。②夏季インターンシップは、各大学にて選抜。③1DAYインターンシップは、就職情報サイトから自由応募。
費用の負担など	無給（ただし、昼食は全期間支給）。

5．大学との連携

担当部署等	キャリアセンター。
連携大学について	地域重視。
連携大学の確保	地域重視。
依頼の方法	大学のキャリアセンターに推薦を依頼。
受入までの流れ	①たましん学生塾には、キャリアセンターの推薦を受け、多摩信用金庫人事による面接に合格した学生が参加できる。②夏季インターンシップのみ、各大学にて選考。③1DAYインターンシップの希望者は情報サイトから自由応募。多摩信用金庫人事にて選抜。

6．実施にあたっての配慮事項

地域貢献を目的としており、多摩地域での雇用と地域で活躍する人材の育成を目指す。

7．成果と課題

たましん学生塾は、1期生27名中11名が入庫した。夏季及び1DAYインターンシップ参加者のなかには採用に至る学生がいる。地域に密着した信用金庫として、インターンシップに明確な意識をもって参加する学生が多い。各大学のキャリアセンターとの密接な連携のもと、人材発掘が課題である。

（調査実施日 2015年6月3日／執筆者：古閑博美）

Part 3 インターンシップの事例Ⅱ

企業等におけるインターンシップの受入状況⑤　日本旅行業協会（通称：JATA）

1．受入の概要

企業名	日本旅行業協会（通称：JATA）	所在地	東京都
主な受入部署	JTBグループ各社、日本旅行　など		
主な受入期間	10日間		
受入者数（実績）	98名		

2．受入の要件等

（1）　観光系学部・学科（コースや観光系ゼミを含む）に所属し、旅行業への就職を希望していること。
（2）　観光系学部・学科の専任教員による、事前・事後指導を実施すること。
（3）　インターンシップ終了後に事後アンケートを提出すること。

3．受入の目的と体験の内容ならびに方法

受入の目的	大学生を対象に、観光産業の現状・課題についてのより正しい理解を促し、また、社会人としての基礎的な能力を養うとともに、観光産業への就業意欲を醸成することを目的として実施し、参加大学生のレベルを引き上げ旅行業界への就業意欲効果増を図る。
体験の内容	（1）　オリエンテーション。 ・観光産業の未来、旅行産業の実際など。 ・ビジネスマナー。 ・EQ診断。 ・予定の確認など。 （2）　就業体験。 ・業態（B to B、B to C、団体、店頭、企画、訪日）、規模など違う2社で3日間ずつの職場体験。
体験の方法	・職場体験については、次の36社で実施（2014年度）。 アビアレップス・マーケティング・ガーデン／アルパインツアーサービス／ANAセールス／エスティーエートラベル／エヌオーイー／エフネス／沖縄ツーリスト／小田急トラベル／カーニバルジャパン／近畿日本ツーリスト／近畿日本ツーリスト個人／グアム政府観光局／KNT-CTホールディングス／ゴーフォーイット／ジェイアール東海ツアーズ／JTBコミュニケーションズ／JTB関東／JTBグローバルマーケティング＆トラベル／JTBコーポレートセールス／JTB国内旅行企画／JTBワールドバケーションズ／ジャルパック／TEI／ティー・ゲート／東京海上日動火災保険／東日観光／トップツアー／トラベルプラザインターナショナル／日本旅行／農協観光／阪急交通社／ビーエス観光／びゅうトラベルサービス／ミキツーリスト／郵船トラベル／ユナイテッドツアーズ

4．受入の条件について

応募要件	・観光系学部・学科（一部はコースやゼミ含）に所属し、旅行業への就職を希望していること。
費用の負担など	・費用負担なし（但し、インターンシップ受入先までの交通費や受入企業で、セールス同行があった場合の交通費は、学生負担とする）。

5．大学との連携

担当部署等	観光系学部・学科教員。
連携大学について	青山大学、亜細亜大学、跡見学園女子大学、桜美林大学、産業能率大学、首都大学東京、成城大学、筑波学院大学、中央大学、帝京大学、東海大学、東京国際大学、東洋大学など、計18大学（2014年度）。
連携大学の確保	2014年からは、JATAより、主に観光系学部・学科をもつ大学で、今回事業の趣旨を理解し、事前・事後指導の協力を得られそうな、大学（教員）に依頼。
依頼の方法	JATA事務局及び矢嶋から、直接電話とメールで依頼。
受入までの流れ	（1）JATA事務局から、学生の受入を依頼する、教員へ概要をメール。 （2）教員経由で、学生の志望動機等を提出。インターンシップ保険加入。 （3）インターンシップ実施。 　なお、修了後には、学生に事後アンケートの提出を求めている。

6．実施にあたっての配慮事項

JATAが実施する、初めてのインターンシップであり、受入をする旅行会社に、インターンシップの意義を説明会で丁寧に説明した。

7．成果と課題

（1）「旅行業の魅力」「旅行業の現状」セミナーへの満足度は80％と高いが、多くの大学で、旅行業について、基本的な事が教授されていない。
（2）「ビジネスマナー研修」の満足度は高かったが、本来は大学側で実施すべきであり、大学側のインターンシップへの事前対応が十分でない。
（3）学生を放置するなど、対応方に改善の必要のある、受入先も見受けられたことから、受入先の説明会では、成功事例や課題の共有等、さらに内容を深度化の必要がある。
（4）大学における事前・事後指導が徹底されていないことから、教員に対する事前説明会についても検討をしたい。

（調査実施日 2015年8月26日／執筆者：矢嶋敏朗）

企業等におけるインターンシップの受入状況⑥

橋本産業株式会社

1．受入の概要

企業名	橋本産業株式会社	所在地	東京都
主な受入部署	人事部		
主な受入期間	2週間		
受入者数（実績）	毎年15名～20名程度（多い年は24名）		

2．受入の要件等

15大学より各1名。

3．受入の目的と体験の内容ならびに方法

受入の目的	（1） 大学とのつながり。産学共同。 （2） 大学の依頼による（近年増加しているので、断ることもある）。 （3） 大学とのつながりを重視している（大学で就職説明会を開催するなど）。 （4） キャリア教育の一端を担う意識。 （5） 学生の実態を見る（会社を知ろうとも研究しようともしない学生が増え、インターンシップで確認するため）。
体験の内容	本社と配送センター（ディスカッション等と現場体験）で10日間実施。
体験の方法	本社と配送センター（ディスカッション等と現場体験）。

4．受入の条件について

応募要件	キャリアセンターの推薦。
費用の負担など	無給。

5．大学との連携

担当部署等	大学のキャリアセンターの依頼による（近年増加しているので、断ることもある）。大学とのつながりを重視している（大学で就職説明会を開催するなど）。
連携大学について	これまでの関係を重視している。
連携大学の確保	これまでの関係を重視しつつ、新開拓の必要性も感じている。
依頼の方法	大学のキャリアセンター推薦（女子の希望が多いことから、男子の推薦を依頼）。女子大のインターンシップ生は選抜。
受入までの流れ	大学のキャリアセンターの推薦を受けて実施。

６．実施にあたっての配慮事項

自社に応募した場合、一次試験は合格とするなど、採用の仕方を工夫（ディスカッションや面接のさい、その場でフィードバックしている）。

７．成果と課題

- 意識の低い学生の参加に苦慮している。学生が変わるきっかけになればよいと、キャリア教育の一助を担う意識で取り組んでいる。
- 自社の知名度を高めることが課題である。

（調査実施日 2015 年 6 月 1 日／執筆者：高橋保雄・古閑博美）

Part 3　インターンシップの事例Ⅱ

企業等におけるインターンシップの受入状況⑦

有限会社東郷堂

1．受入の概要

企業名	有限会社東郷堂	所在地	長野県
主な受入部署	総務部		
主な受入期間	①1か月／②6か月		
受入者数（実績）	①1名／②1名		

2．受入の要件等

本インターンシップは、会社の新規事業立ち上げにかかわる実践型インターンシップである。インターンシップ生が会社の重要な役割を担うことになるため、①インターンシップ生が体験するプログラム内容の設計、②企業と学生のマッチングの適性、③社内の受入態勢の整備について留意し、軌道修正を図りながら進行した。

3．受入の目的と体験の内容ならびに方法

受入の目的	長野県上田市を中心に全世帯の約7割の家庭に新聞を配達する東郷堂には、強い地域とのつながりがある。しかしライフスタイルの変化やメディアの多様化により、新聞購読者は減少し、特に契約世帯の減少が新聞販売店に大きなダメージを与えている。同社が地域になくてはならない存在であり続けるために、経営革新は不可欠であり、新規事業として地域に特化したメディアを創刊することを検討していた。新たに事業を立ち上げるにあたり、事業の推進役としてインターンシップ生を受け入れた。
体験の内容	②の場合 　STEP1（1か月～2か月）：企画のための市民ニーズの調査 　・調査設計 　・調査票の作成 　・住民（主なターゲット30～40代の子育て中の女性）への聞き取り調査 　・既存メディア（地元フリーペーパーなど）の調査　など 　STEP2（3か月～4か月）：新メディアの企画立案 　・追加調査の設計 　・聞き取り調査、アンケート調査 　・ワークショップの企画・運営 　・社内ブラッシュアップ会議の企画・運営　など 　STEP3（5か月～6か月）：企画内容の合意形成 　・企画書のブラッシュアップ（コンセプト、ネーミング、ターゲットの決定） 　・新メディアパイロット版の作成 　・役員会でのプレゼンテーション　など
体験の方法	インターンシップ生は動機付け、目標設定、ビジネスマナー等の内容を扱う事前研修を受けた上で、会社の一員として新規事業を担当する。日々の活動は原則社員と同じように取り組むが、気付きや学び、改善点等を日報で振り返る。また担当社員と定期的にインターンシップミーティングを実施し、当初の目標・計画に対して軌道修正を行いながらインターンシップに取り組む。

4．受入の条件について

応募要件	・長期休暇中は週5日、学期中は週3日以上インターンシップに参加できること。 ・事業の立ち上げに関心をもっていること、当事者意識をもって仕事に取り組めること。
費用の負担など	・インターンシップに関する実習内容の経費は全額企業負担。 ・また交通費、昼食代等にあたる活動支援金を支給。

5．大学との連携

担当部署等	総務部。
連携大学について	信州大学・立教大学。
連携大学の確保	信州大学上田キャンパス内にある産学連携支援を行う一般財団法人浅間リサーチエクステンションセンターを通じて、複数の大学と連携を図った。
依頼の方法	一般財団法人浅間リサーチエクステンションセンターが「地域中小企業の人材確保・定着支援事業」の一環で信州インターンを実施した際、同法人の会員である有限会社東郷堂にコーディネーターを通じて、受入を打診した。
受入までの流れ	（1）プログラム内容の設計。 　　コーディネーターと共に、インターンシップ生に任せる役割、期待する成果などの検討。 （2）広報・募集。 　　大学内のイベントやインターネットでの広報。 （3）事前面談。 　　学生とコーディネーターとの面談（詳細の情報提供など）。 （4）面接。 　　エントリーシートや事前課題の提出後、企業との面接を実施。 （5）事前研修。 　　受入企業・学生の双方への事前研修を実施。

6．実施にあたっての配慮事項

・本インターンシップは企業にとって重要な役割を学生に任せるため、企業と学生のマッチングは丁寧に行っている。学生には事前面談や面接、事前研修を通じて動機付けを行っているほか、事前課題を通じてインターンシップに関連する知識を面接前に学んでもらっている。
・リスク対策としてはインターンシップ開始時に、誓約書や処遇概要確認書を活用して留意事項を確認する。またインターンシップ保険に加入し、事故等のトラブルに備える。

7．成果と課題

- 企業におけるインターンシップの成果としては、新規事業の推進がある。当初は構想中の段階であったが、インターンシップ後には社内資源を投入し、新規事業を推し進めることが決定した。また学生にとっては、キャリア観の醸成や、起業家的行動特性の獲得等の成長が見受けられた。
- 課題としては、インターンシップの実施に向けてプログラム内容の設計や受入態勢の整備、インターンシップ期間中のフォロー等、企業側の負担が大きいことである。また実施期間含め学生への要求水準も高いため、参加できる学生が限定される。効果は高いため、再現性を高めることが今後の課題となる。

（調査実施日 2015 年 8 月 25 日／執筆者：松浦俊介）

Part 3 インターンシップの事例Ⅱ

企業等におけるインターンシップの受入状況⑧　　FREME TRAVEL SERVICES

1．受入の概要

企業名	FREME TRAVEL SERVICES	所在地	BRUNEI
主な受入部署	INBOUND TOUR DIVISION		
主な受入期間	1か月～3か月程度		
受入者数（実績）	3名		

2．受入の要件等

旅行業に必要な人間性……明るさ、前向き姿勢、コミュニケーション能力、気遣い等。
語学力不問（あれば尚可）。

3．受入の目的と体験の内容ならびに方法

受入の目的	1．観光ビジネス人財育成（職務実践型インターンシップ）。 　旅行業を中心とした観光ビジネスを目指す学生への貢献。 2．求人（採用直結型インターンシップ）。 　インターンシップ経験を通して、入社を希望する学生支援。 本インターンシップの分類として、①職務実践型と②採用直結型の併用である。①については、授業の理論学習により知識を修得し、企業インターンシップでの実務実践を通して、教室で学んだ知識を知恵とする。いわば、教室と現場での教育を交差させ、学習効果を高めるクロスエデュケーションの取り組みである。 また、②においては、産学連携は、どちらか一方に負担をかけるようであれば永続的な継続は期待できない。お互いにメリットが必要不可欠である。そのため、インターンシップ発祥国米国に倣い、インターンシップ終了後、企業、学生ともに相思相愛の関係が創造できた場合において、採用直結のシステムを構築した。企業においては、海外現地企業のため、日本人採用のアプローチが従来困難であった。大学にとっては、観光業界に即戦力として活躍できる観光人財育成を標榜しているため、インターンシップ本来の目的が達成可能となる。よって、将来にわたり良好な関係構築が実現した形となった。いわば、学生と学校、企業が目的を共有し「三方よし」の取り組みと言える。
体験の内容	1．旅行業オペレーション業務 　①海外旅行会社、ランドオペレーターからの問合せ対応（英語、日本語でのメール、電話対応）。 　②現地観光機関の手配、予約業務。 2．ガイディング業務 　①現地観光資源理解（現地調査）。 　②空港ホテルアシスタント送迎業務（英語・日本語）。 　③ツアー案内アシスタント業務（英語・日本語）。

体験の方法	先輩社員（インターンシップ経験卒業生）OJT（On the Job Training）による実務実践を通して、体験を積むことにより経験へと学習効果を高める。 ①ブルネイ観光資源理解。 　自分たちの足で観光地を巡り、観光施設の内容、見学時間、移動距離時間を把握する。 ②先輩社員によるOJTにより内勤オペレーション業務を理解する。 ③先輩社員によるOJTによりガイディング業務を理解する。 ④実際のツアーに参加し臨場感をもってガイディング業務を体感する。 ⑤経験値にもとづき、空港送迎等自分がチーフとなり実践する。

4．受入の条件について

応募要件	特になし（提携大学に一任）。
費用の負担など	・宿泊（社員寮無償提供）。 ・ツアー中の一部食事補助。 ・社員寮から会社への交通送迎。

5．大学との連携

担当部署等	インターンシップ担当教員（高崎商科大学短期大学部現代ビジネス学科ホテル観光コース）及びキャリアサポート室。
連携大学について	高崎商科大学・高崎商科大学短期大学部。
連携大学の確保	担当教員との信頼関係構築。
依頼の方法	担当教員へのメール及び不定期相互訪問。
受入までの流れ	１．連携大学との受入時期、人数調整。 ２．連携大学において募集説明会開催。 ３．連携大学による応募者選考。 ４．連携大学による事前研修実施。 ５．社員寮、スケジュール等受入態勢準備。 ６．連携大学との実施に向けての調整、打合せ、準備。 ７．インターンシップ実施。 ８．事後研修・インターンシップ報告会。

6．実施にあたっての配慮事項

1．安全管理（門限設定）。
2．健康管理（生活管理）。
ブルネイは、一般に「安全で治安の良い国」と言われ、政府当局が公表する統計も、殺人や強盗などの凶悪犯罪は近隣諸国に比べ圧倒的に低い数値を示しています。国民性もおおらかで優しく、たとえば車の運転においてもクラクションを鳴らす人は皆無です。しかしながら、インターンシップ生を預かる立場として、安全、健康面は最大の重視をしている。

7．成果と課題

1．OJTによるスタッフ指導力向上。
2．インターンシップ経験学生による社員獲得。
3．観光ビジネスへの人財育成貢献。
　－2013年度現在卒業生進路（n＝30名）－
①観光業界就職20人（66.7％）（内 FREME TRAVEL SERVICES 就職5名）。
②海外留学5人（16.7％）。
③商社2人（6.7％）。
④他業界就職3人（10.0％）。
（小数点以下第2位を四捨五入しているため、合計しても必ずしも100％にはならない）

（調査実施日 2016年10月1日／執筆者：髙橋修一郎）

Part 3　インターンシップの事例Ⅱ

企業等におけるインターンシップの受入状況⑨		名古屋市名東区役所

1．受入の概要

企業名	名古屋市名東区役所	所在地	愛知県
主な受入部署	総務課、企画経理室、まちづくり推進室		
主な受入期間	10日程度		
受入者数（実績）	1名		

2．受入の要件等

- 名古屋市としての受入は、「東海地域インターンシップ推進協議会」を介するような、大学からの経由、推薦をもとに行われている。
- 名古屋市名東区では、区制40周年を契機に、学校法人東邦学園と連携協力に関する協定を締結した（平成27年2月17日）。まちづくり、防災、福祉、生涯学習、文化など幅広い分野で協力し、地域社会の発展に尽くしていくとするものである。この連携協力の具体的取り組みの一つとして、同法人の愛知東邦大学からの受入は優先的に行っている。

3．受入の目的と体験の内容ならびに方法

受入の目的	・名古屋市では、「学生が在学中に自らの専攻や将来のキャリアに関連した就業体験を行いながら行政への理解を深める機会を提供することにより、地域の人材育成に資すること」を目的として、各地域での受入を行っている。 ・名東区役所の独自の受入も同様であり、主に名東区（地域）の人材育成に資することを目的としている。 ・地域との連携を強化するという意味でも、名東区内に所在する唯一の大学である愛知東邦大学からの受入は継続的に行っている。
体験の内容	・平成27年度は、受入部署の各イベント従事及び事務補助であり、受入主担当部署である総務課での具体的内容は、以下の通りである。 （1）　名東区総合防災訓練（9月6日）。 　防災週間（8月30日〜9月5日）の時期に行われる「なごや市民総ぐるみ防災訓練」を、実習の最終日としている。 （2）　国勢調査調査員説明会。 　受付などの補助を行う。 （3）　めいとう総合見守り支援事業。 　事業にかかわる事務補助を行う。 （4）　名東区民芸能まつり。 　まつりにかかわる事務補助を行う。 ・以上に加えて、企画経理室では2015年度名東区区民アンケート（※テーマ「協働・交流によるまちづくり」〜地域とつながる、人とつながる　協働・交流によるまちづくりを目指して〜）の集計及び分析、まちづくり推進室では、2015年度「わがまち名東」フェスティバルファミリーコンサートに従事する。

体験の方法	・時宜にかなった体験を組み込むことによって、学びを深める工夫がなされている。たとえば、2015年度には国勢調査の説明会に参加するなどの体験もあり、各部署が担当する複数のイベントにかかわることは、多くの職員をはじめ地域住民など多様な人々との交流機会となっている。 ・通常業務の事務補助としては、受入主担当部署である総務課業務を中心に、書類作成・仕分けなどを体験する。他部署でも同様であるが、パソコンを使用することは少なくない。たとえば、アンケートの集計及び分析では、ビジネスの基本的なアプリケーションソフト（ワープロ、表計算等）を使用する。基本的なスキルを修得していれば、それ自体の特段の指導は行わない。 ・各部署が担当するイベントに関しては、事務補助だけでなく主体的に業務に携わるものも設定する。実習最終日としている名東区総合防災訓練では、小学校1・2年生を対象とした防災クイズを実施するため、そのクイズの企画及び資料を作成する。学生は、訓練当日の司会及び進行も行うため、企画から実施までを責任をもって取り組むことになる。したがって、区職員は学生の補助として支援する立場になる。

4．受入の条件について

応募要件	・地域住民と接する場面もあるため、節度ある服装を心掛けること。 ・原則、自家用車での通勤は認めない（区役所専用駐車場はあるが、学生向けに用意はしない）。通勤方法は公共交通機関・徒歩等（名古屋市営地下鉄東山線本郷駅から徒歩約5分）である。 ・公務員志望者か、名東区在住者か否か等によって応募の制限はしない。
費用の負担など	・原則、通勤費をはじめ、実習中に発生する費用の全ては、学生の負担である。 ・区役所までの通勤方法は上記の通りであるが、区役所以外の場所で実習を行う場合には、区役所に集合してから職員が運転する自動車で現地まで移動するため、学生に費用の負担はない。

5．大学との連携

担当部署等	・総務課（庶務係）
連携大学について	・現時点で、協定の締結にもとづく連携大学は、愛知東邦大学のみである。ただし、他大学との連携を拒むものではなく、各大学からの申し出があれば検討する。
連携大学の確保	・隣接区・地域に所在する大学は少なくないため、確保すること自体は難しくない。ただし、担当部署としての対応可能な範囲を考えると、同時期に複数の連携は困難である。
依頼の方法	・区役所側からの依頼は行わない。大学側からの依頼を受ける形である。 ・多数の依頼があった場合、愛知東邦大学は協定を締結しているため、優先的に受入れている。

受入までの流れ	（1） 大学からの依頼後に（5月～）、担当者間での打ち合わせをメール及び電話で行う。同時に、区役所内での調整に入り、受入人数等を正式決定する。 （2） その後、大学（学生）からの希望をもとに、具体的な体験の内容等を吟味し、受入要項（大学指定フォーマット）を大学に送るが、この段階では大枠を示すに留めることが多い。 （3） 大学からの派遣学生が決定した後に、学生の履歴書等の書類を郵送もしくは大学教職員の訪問時に受け取る。これらと前後して、正式受入依頼文書・覚書等のやり取りがなされる。 （4） 学生の事前訪問時には、注意事項等を説明、日程や体験の内容を確認するなど最終調整を完了する。 （5） 大学とも最終確認を行い、受入までの流れが完了となる。

6．実施にあたっての配慮事項

- 学生のインターンの場合、誓約書などの諸手続きは大学に任せるとともに、配属部署などの学生希望にも最大限応えられるように調整する。
- 通常窓口業務では、混雑時をはじめ迅速な対応が求められることに加え、個人情報保護の観点からも体験に組み込むことは避けている。
- 学生が達成感をもつことができるように、実習期間中に完結するイベントへの参加を組み込むようにしている。各イベントが一定期間に集中しているとは限らないため、実習初日から最終日までの期間を長く取るように学生と調整している。開始から終了までの期間を長く取ることによって、学生の集中講義などの学習計画との調整も可能にしている。

7．成果と課題

- 実施後、担当部署から受入学生への直接の声掛けによって、「名東区区民ミーティング（毎年12月開催）」などへの自主的な参加を依頼している。名東区区政運営ビジョン「つながるまち、ひろがるまち名東」にもとづく、インターンシップにとどまらない世代を超えた交流、「人と人のつながり」構築が大きな成果となっている。
- 選挙などの突発的な重大業務が発生する場合、受入を不可とせざるを得ないことが考えられる。現状では、インターンシップ専属職員を雇用することは想定できず、少々の業務変動で受入不可とならないような、大学との連携体制の強化を継続していくことが課題である。

（調査実施日 2015年9月16日／執筆者：手嶋慎介）

Part 3　インターンシップの事例Ⅱ

企業等におけるインターンシップの受入状況⑩

済生会横浜市東部病院

1．受入の概要

企業名	済生会横浜市東部病院	所在地	神奈川県
主な受入部署	看護部の各部署		
主な受入期間	1日～5日間程度		
受入者数（実績）	150名/年間		

病棟

2．受入の要件等

- 指導体制：病院看護部に教育担当責任者を設置し、インターンシップ受講生のための指導者を配置する。
- 看護体制：病棟に十分な看護職員数を確保する。
- 学習環境整備：必要物品（マスク・エプロン・血圧計・体温計・聴診器等）を準備する。電子カルテ閲覧のためのパソコン環境を整備する。

3．受入の目的と体験の内容ならびに方法

受入の目的	・看護基礎教育の一端を担い、質の高い看護師を育成する。 ・看護実践の体験を通して、看護師の職業理解を深める。 ・社会人としての勤労観を培う。 ・実施環境の向上、実施部門の活性化、職員の成長を促進する。 ・病院の特徴、組織風土、職場環境を伝える。 ・大学や専門学校との交流を図る。
体験の内容	・病院概要オリエンテーション：病院概要・副看護部長挨拶・看護部門の紹介・教育体制の説明 ・病棟オリエンテーション：実習病棟概要・疾患の特徴・看護体制・看護援助の特徴・週間予定・病棟のルール・スタッフの紹介 ・希望病棟での看護体験：看護師が受講生に適した患者を選定し、現在行っている治療と看護、患者を受けもつにあたっての注意点を説明する。患者の個別性に合った看護援助（電子カルテ入力・検温・清潔ケア・食事援助・配膳・患者搬送・点滴準備・体位変換・シーツ交換・リハビリテーション見学）などを、看護師と共に実践する。 ・昼食：看護師とともに食堂や部署の休憩室で昼食をとる。 ・カンファレンス：カンファレンスに参加し、看護師らの病態確認や援助方法に関する意見交換を通して理解を深めたり、チーム医療の実際を体感する。 ・振り返りディスカッション：参加者全員でのフリーディスカッションや看護師からの助言を踏まえ、学びの共有をする。
体験の方法	・応募期間：参加希望日の2週間前までに申し込む。 ・応募方法：メール・FAX・Webのいずれかで学生が直接病院に申し込む。応募用紙には、名前、年齢、性別、連絡先、学校名、学年、希望期間、希望病棟（第一希望～第三希望まで）、質問を記載する。 ・折り返し病院の担当者から日時、体験病棟に関する連絡が来る。

	・希望が多く、病棟受入人数を希望人数が上回った場合は、日程や部署を相談する。 ・ユニフォームは看護師と同じものを受講生に貸与する。

4．受入の条件について

応募要件	・看護学生、助産学生であること。 ・受講中に知り得た個人情報を第三者に漏らさないよう守秘義務を遵守し、病院の誓約書に捺印する。 ・麻疹、風疹、水痘症、流行性耳下腺炎の抗体があること。 ・実習中の事故については、原則として、学生の所属大学の基準に準ずる。
費用の負担など	・通勤交通費は学生自己負担とする。 ・昼食は病院が負担する。

5．大学との連携

担当部署等	・看護部教育担当者及び人材確保担当者を中心に、病院管理部門、病棟師長、病棟スタッフ、大学と協働し、インターンシップ受講生の受入計画、指導体制の整備を行う。
連携大学について	・近隣大学、実習受入大学と連携をとる。
連携大学の確保	・近隣大学、実習受入大学に、インターンシップ実施期間や内容に関する情報提供を行う。
依頼の方法	・病院人材確保担当者による大学キャリア支援室への情報提供をする。 ・病院ホームページからの情報発信をする。
受入までの流れ	・大学は介さず、学生本人から病院への直接申し込みによる。

6．実施にあたっての配慮事項

・インターンシップ受講生が、入職時のイメージ化が具体的に図れるように、可能な限り新人看護師もしくは2年目までの看護師との個別的な対談時間を設けている。
・希望部署で体験しているが、他部署に出身大学の卒業生が勤務していた場合は、インターンシップ終了後に個別訪問し、対談時間を設けている。
・終了後は、修了証を発行している。
（済生会横浜市東部病院　早川みつほ副看護部長　インタビューより）

7．成果と課題

（成果）
・病院側：指導にあたる看護師のみならず、病棟スタッフの多くがインターンシップ受講生にかかわるため、スタッフの勤労意識・指導能力の向上・職場の活性化につながる。
・学生側：実践の現場で看護師と看護援助を体験することで、社会人としての意識が芽生え、自己のキャリアプランを具体的に創造することができる。
（課題）
受入期間における、受講生の希望（部署・日程）と病棟との調整が困難。

（調査実施日 2016年9月21日／執筆者：鈴木　恵）

企業等におけるインターンシップの受入状況⑪

東一の江幼稚園

1．受入の概要

企業名	東一の江幼稚園	所在地	東京都江戸川区
主な受入部署	東一の江幼稚園		
主な受入期間	2014年5月～9月		
受入者数（実績）	1名（過去に5名）		

2．受入の要件等

- 幼稚園免許取得希望者であること。
- 幼稚園教諭養成校のインターンシップの趣旨が明確であること。
- 受入期間中の実習生数などを検討。

3．受入の目的と体験の内容ならびに方法

受入の目的	・学生の実践的な学びの場の提供のため。 ・学生を指導する教員の学びが期待されるため。 ・子どもが多様な人とかかわることができる環境の1つとしての効果が期待されるため。
体験の内容	・環境整備。 ・環境構成の援助。 ・子どもとのかかわり。 ・保育援助。 ・保育準備。 ほか
体験の方法	実際に保育者、子どもとかかわりながら仕事を理解していく。 報告書の記載を中心に保育者と振り返りをし、保育の意図や子どもとのかかわりについて理解を深め、次に活かしていけるようにしている。

4．受入の条件について

応募要件	・幼稚園免許取得希望者であること。 ・幼稚園教諭養成校のインターンシップの趣旨が明確であること。 ・受入期間中の実習生数などを検討。
費用の負担など	なし。

5．大学との連携

担当部署等	教育学部インターンシップ担当。
連携大学について	大学、学生から依頼があってから検討。
連携大学の確保	特になし。
依頼の方法	園から依頼をすることはない。
受入までの流れ	各大学の方法に従う。

6．実施にあたっての配慮事項

- 担当する教員がインターンシップについて理解がないと学びが深まらないため、受入前に担当教員にインターンシップについて説明をする（実習とは異なるなどのことを中心に）。
- 教員が受入によって業務過多と感じることのないように、実習生数や他の業務とのバランスを考えて、担当教員を決定していく。

7．成果と課題

- 学生に保育の意図などを担当教員が伝えることによって、教員自身の学びにつながっている。また、子どもにも担任や幼稚園内の人間だけでなく、多様な人間がいることを知ることは子どもの学びにもつながる。
- 課題としては、実習生受入数が近年増えてきている中でインターンの学生の受入は教員の更なる業務過多につながることがあるので、受入することの成果を感じつつも多くの受入は難しい現状にある。

（調査実施日 2015 年 12 月 20 日／執筆者：田澤里喜）

Part 3　インターンシップの事例Ⅱ

企業等におけるインターンシップの受入状況⑫

町田市立堺中学校

1．受入の概要

企業名	町田市立堺中学校	所在地	東京都
主な受入部署	公立中学校		
主な受入期間	最大3か月程度		
受入者数（実績）	1名程度		

2．受入の要件等

- 受入期間中に大きな学校行事等がない時期であること。
- 定期考査等で生徒が授業に集中しなければならない時期以外であること。
  ※但し、事前に詳細な打ち合わせを行えればこれに限らないこともありうる。
- 生徒への個人的なかかわりを一切行わないことが確認できること。
- 個人情報の取り扱いについて正しく理解し、かつ厳守できること。
- 服装等が華美でないこと。

3．受入の目的と体験の内容ならびに方法

受入の目的	・いずれ教職に就くであろうという学生が、学校現場で指導者がどのように生徒とかかわっているかを見聞させる。 ・学校現場は、授業だけでなくさまざまな対応や事務処理が存在することを理解させる。 ・学生自身が教職に適性があるかどうかを判断するための参考となる経験にさせる。 ・中学校（小学校）の教師を目指す後輩の育成に寄与すること。
体験の内容	・通常学級における各教科の授業参観と指導補助的な関与。 ・特別支援学級での支援教育の実際とその指導のあり方をみとらせる。 ・特別活動や部活動指導の実際の参観及び指導体験。 ・生活指導の実際の参観。 など
体験の方法	・事前の打ち合わせによる確認内容の実践が基本。 ・毎朝の職員全体会議への出席と参観。 ・担当教諭との毎朝の打ち合わせ。 ・学校の日課表にもとづいた授業参観等。 ・各教科等での指導補助的な関与。 ・行事や特別活動での参観や指導体験。 ・体験終了時の担当教諭、管理職との打ち合わせ及び次回の確認。

4．受入の条件について

応募要件	・町田市教育委員会を通した依頼が望ましい。 ・体験日を柔軟に対応できること（一定の枠内で）。 ・体験希望学生の基本的なマナーや礼儀、社会通念の定着者であること。 ・健康であること。
費用の負担など	・交通費、昼食代等は自己負担。 ・必要な教材等は自身で購入。

5．大学との連携

担当部署等	・副校長及び教務主幹、生活指導主幹教諭。
連携大学について	・玉川大学、法政大学、東京家政学院大学等（教育分野のみでなく福祉分野での受入も行っている）。
連携大学の確保	・本校では、NPO法人日本教育再興連盟ROJEとの連携を進めてきているためさまざまな大学の学生のボランティアを受入ている。
依頼の方法	・法政大学では、ボランティアセンターの担当職員と連携。 ・ROJEのプロジェクトリーダとの連携。
受入までの流れ	・大学ごと（センター職員やプロジェクトリーダーを通じて）学生本人との面接と打ち合わせを経ての受入。 ※受入に不相応な場合は、お断りする

6．実施にあたっての配慮事項

・生徒との個人的なかかわりや個人情報の取り扱いに十分な指導が求められる。
・また、義務的に「やらされている」というような学生は、ご遠慮願っている。

7．成果と課題

・熱心な学生は、生徒からも慕われ信頼を得てきている。
・自ら課題を見つけて取り組むと教員からの評価も高いものがある。
・マナーや礼儀に欠けるような学生は生徒も厳しく評価している。
・ボランティアの学生について、何がしかの交通費程度は支払いたいが予算と人数によりかなわない場合があるので申し訳なく思う。

（調査実施日 2015年11月13日／執筆者：比良田健一）

Part 4
インターンシップの更なる発展に向けて

I　インターンシップの教育的意義再考

山口圭介

1．インターンシップの多様化がもたらすもの

　わが国において、「学生が在学中に自らの専攻、将来のキャリアに関連した就業体験を行うこと」としてとらえられるインターンシップは、1997年に「インターンシップの推進に当たっての基本的考え方」が作成されて以降、政府・産業界の強い後押しを受け急速な普及・促進を遂げた。この年以降、全ての大学及び高等専門学校を対象に行われている「大学等におけるインターンシップ実施状況について」の2014年度の調査結果によると、「インターンシップを単位認定している」または「単位認定はしていないが学生の参加状況を把握・関与している大学」（大学院を含む）は、全体の95.4%にあたる740校とされる（注1）。

　しかしながら、大学等におけるインターンシップの内実は、きわめて独自性が高く多様である。それは、インターンシップという概念がきわめて広範囲にわたるものとしてとらえられていること、さらには、これまでのインターンシップの普及・促進が「個々の大学等や企業等の独自性を活かしつつ、多様な形態のものを推進していくこと」を基本として図られてきたことに深く関連している。そして、「インターンシップの普及・推進を図る上でのさまざまな課題や、キャリア教育・専門教育や大学改革推進に向けた意義に加え、近年の社会状況にも対応した推進の必要性、現在のインターンシップの実施状況や課題等を踏まえ」て2014年に一部改正された「インターンシップの推進に当たっての基本的な考え方」においても、これまで同様「インターンシップの場の多様化」の意義と「多様な形態のインターンシップ」の機会を提供することの重要性が明記されている。これらのことから、インターンシップの多様化は、今後ますます進展していくと予測することができる。

　確かに、一方において、インターンシップの多様化は、これにかかわ

る学生・大学等・企業等に固有な意義を与え、インターンシップの更なる進展を推し進める要因となる。たとえば、学生・大学等・企業等の個々の事情を最大限に考慮することによって、学生・大学等・企業等のインターンシップへの関与の機会は、一層拡大する。しかしながら、他方において、インターンシップの多様化には、学生・大学等・企業等における相互の対立や矛盾を引き起こし、新たな課題を生み出す要因となる可能性も含まれている。たとえば、近年の「ブラックインターンシップ」と呼ばれる問題は、インターンシップにかかわる学生・大学・企業等の理念や立場の対立や矛盾が具現化されたものとしてとらえることができる。

言うまでもなく、インターンシップは、学生にとっても、大学等や企業等にとっても、何より現実的・具体的なことがらである。それゆえに、実施にかかわる形態や場所、効果や意義など、インターンシップにおいては、より実際的なことがらに付随する課題へと関心が注がれやすい。しかしながら、このことが、インターンシップの本質を見えにくいものとし、直面する課題の根本的・抜本的な解決を困難にしていることも否めない。このような問題意識から、ここでは、インターンシップの本質と目的について考察することによって、インターンシップの教育的意義を改めて問い直したい。

2．インターンシップの本質とは

インターンシップの本質に迫るためにまず留意すべきことは、わが国のインターンシップが必ずしも連続的・系統的な発展を遂げてきたものではないと言うことである。すなわち、折戸晴雄の指摘するとおり、今日わが国において一般に用いられているインターンシップという概念は、「近年の新たな契機によって生じたもの」（注2）として位置付けられるべきものと理解されなければならない。それゆえに、わが国のインターンシップの本質を歴史的な文脈において理解しようとすることは、必ずしも妥当な方法とは言えない。さらに、わが国のインターンシップが海外のインターンシップとは異なる意味を有していることにも十分に留意する必要がある。これは、たとえば、わが国のインターンシップが「日本式インターンシップ」と言うことばによって表現され、実態としてはむしろ米国の「コーオプ（Co-op）」に近いものとして理解されているという事実からも端的にうかがい知ることができる。したがって、わが国

のインターンシップの本質を語義に立ち返ったり、海外のものと比較したりすることによって理解しようとすることも、妥当な方法とは言い難い。これらを踏まえ、ここでは、経済同友会の「『選択の教育』を目指して」を端緒とし、当時の文部省、通商産業省、労働省が 1997 年に取りまとめた「インターンシップの推進に当たっての基本的考え方」において明らかにされた「インターンシップ」の定義に着目してみたい。

　わが国において、もっとも一般的なインターンシップの定義の 1 つとされ、多くの文献で引用されている「インターンシップの推進に当たっての基本的考え方」における「インターンシップ」の定義は、「学生が在学中に自らの専攻、将来のキャリアに関連した就業体験を行うこと」と言うものである。確かに、この定義から直ちにインターンシップの本質を把握することは不可能である。事実、この定義からは、アルバイトやボランティアとインターンシップとの違いも明確にすることができない。すなわち、この定義から、工学部の学生が工場でアルバイトをしたり教育学部の学生が学校でボランティアをしたりすることと、インターンシップをすることの違いを導き出すことはとうてい不可能なのである。しかしながら、この定義について、定義していることがらではなく、定義されていることがらへと注意を移すことによって、事情は大きく変わってくる。すなわち、「インターンシップの推進に当たっての基本的考え方」において定義されている「インターンシップ」ということばは、あくまでも「大学等におけるインターンシップ」という意味において使用されているに過ぎないと言うことである。

　このことがインターンシップの本質に迫るためのきわめて重要な示唆を与えてくれる。それは、「大学等」という限定が「大学等」以外との区別のために用いられていると言うことである。つまり、この定義において、「大学や大学院、短期大学、高等専門学校などの高等教育機関」を意味する「大学等」という限定は、小学校や中学校、高等学校などの初等・中等教育機関との区別を意図したものに他ならないのである。実際、1999 年の中央教育審議会の答申「初等中等教育と高等教育との接続の改善について」では、「学校教育と職業生活との接続」の改善に向けて、学校での学びと社会での経験を結びつけることの重要性が指摘され、この年から、後期中等教育機関である高等学校へのインターンシップの導入が始められている。その後も、インターンシップ等を通じたキャリア教育の推進が図られたことによって、今日では、大学等・高等学校に加えて、多くの小・中学校において「職業にかかわる体験」（インターンシ

ップ）が実施されている。このような現状から、たとえば、新潟県教育庁高等学校教育課の「インターンシップマニュアル」では、インターンシップが「高校生や大学生が一定期間、企業（事業所）において、実際に仕事を体験すること」と定義されている。ここに、今日のわが国におけるインターンシップは、「学校教育機関」による一定の関与を枢要としていることが明らかになる。

3．インターンシップの目的の性格

　今日のわが国におけるインターンシップが「学校教育機関」による一定の関与を核心とするものである以上、それは、必然的に一定の教育的な配慮と性格を有するものとなる。もちろん、各学校教育段階における実施上の配慮は、児童・生徒・学生の発達の観点等から不可欠なことがらとなる。しかしながら、インターンシップの教育的な配慮と性格は、このことによってのみ語りきれるものではない。すなわち、インターンシップとしての全ての活動は、学校教育機関による一定の関与のもとで、例外なく、教育的な色彩を帯びたものとなるのである。ここに、今日のわが国におけるインターンシップを"学校教育機関において設定された目的の実現に向けた意図的・計画的な取り組み"として理解することが可能となる。

　このとき、学校教育機関による一定の関与のもとで設定される目的は、インターンシップの成否の鍵を握るもっとも重要なことがらとなる。なぜならば、インターンシップの目的は、単なる「目的」ではなく、あくまでも「教育目的」としての性格をもつものとしてとらえられることになるからである。確かに、どのような場合においても、目的は目標・ねらいへと具体化され、実践における内容や方法を演繹的に導き規定するものとして重視される。しかしながら、個々の目的は、必ずしも教育的であるとは限らない。このことは、学校教育機関による一定の関与が明白な「高等学校キャリア教育の手引き」では「インターンシップの目的」という表現が用いられているのに対して、「インターンシップの推進に当たっての基本的考え方」では「インターンシップの教育目的」と言う表現が用いられていることからも端的に知ることができる。すなわち、個々の目的は、教育という営みの志向する価値を包含することによってはじめて、教育的なものとなるのである。

　このような意味において、「『国家及び社会の形成者として、必要な資

質を備えた心身ともに健康な人を育成する』という教育基本法の趣旨を実践する機会のひとつがインターンシップであると考えたい」（注3）との田中宣秀の指摘は、正鵠を射るものと言える。なぜならば、ここで語られている教育基本法の趣旨は、まさに教育の普遍的・一般的な目的を現わしたものに他ならないからである。実際、今日の「幼児期の教育から高等教育に至るまでの体系的なキャリア教育の推進」は、教育基本法の趣旨にもとづいて展開されていると考えることができる。そして、このような観点から、「高等学校キャリア教育の手引き」では、中学校・高等学校・大学という「異校種における目的の違い」が表のとおりまとめられている（注4）。

　この表から、インターンシップは、職業観・勤労観を体系的・一貫的に育むための活動として理解されていることが明らかになる。これは、「児童生徒の職業観・勤労観を育む教育の推進について」において、中学校での職場体験活動や高等学校でのインターンシップに「職業観・勤労観等を育成する上で大変大きな役割を果たすこと」が期待されていること、さらには、「インターンシップの普及及び質的充実のための推進方策について　意見のとりまとめ」において、大学におけるインターンシップが「学生が自己の職業適性や将来設計について考える機会となり、主体的な職業選択や高い職業意識の育成が図られる有益な取組」として位置付けられていることにも一致する。

　職業観・勤労観は、幼児・児童・生徒・学生が人間としてよりよく生きるためのもっとも重要な拠り所の1つとなる。それは、私たちが職業や勤労と切り離すことのできない社会に生きる存在であること、言い換えれば、私たちは、職業や勤労をとおして自己の生き方を問い、人格の完成へと向かう存在に他ならないことによるものである。したがって、職業観・勤労観を育むことは、社会においてよりよく生きる人間の育成を期して行われなければならない。それは、特定の領域や分野に限られたものでもなければ、固定的・断片的なものでもない。すなわち、それは、教育が究極において目指す人間像の実現に向けた根本的・中核的な

表　異校種における目的の違い

中学校職場体験活動	高等学校インターシップ	大学インターンシップ
・職業観・勤労観の形成 ・ある職業や仕事を窓口としながら職業や仕事を知る ・働く人の実際の生活に触れて現実に迫る	・職業観・勤労観の形成と確立 ・将来進む可能性のある仕事や職業に関連する活動を試行的に体験する ・体験を手掛かりに社会・職業への移行準備を行う	・職業観・勤労観の確立深化 ・体験を通して専門的な知識・技能を身に付ける ・社会・職業への移行を見据えて、より現実的なイメージを持つ

課題に他ならないのである。

4．教育体験としてのインターンシップの意義

　これらのことから、今日のわが国におけるインターンシップは、「就業体験」と言うよりも、むしろ「教育体験」としてとらえられるべきものであると言うことができる。幼児・児童・生徒・学生にとって、インターンシップとは、単なる職業上の活動の体験を意味するものではない。ましてや、安定した就職先や将来性のある雇用先を見極めるためのもの、幼児・児童・生徒・学生の資質や能力を選別するものでもない。すなわち、インターンシップとは、職業上の活動をとおして、現在の生き方を問い直し、将来の展望を描き出すことを切実に迫る体験に他ならないのである。したがって、インターンシップにおける職業上の活動は、幼児・児童・生徒・学生に"人間としての生き方を問う体験""よりよく生きようとする意欲を鼓舞する体験"として実感されてはじめて、ほんらいの意義をもつものとなるのである。

　体験と経験の相違について、たとえば、「経験が認識的意味、つまりなにごとかについて知るという意味につかわれるのにたいして、体験は個々の人間にとって知的だけでなく、情意的要素をもふくみ、意識活動の全体のありさまをさす」(注5) と言うこともできる。これを踏まえれば、インターンシップにおける体験は、単に職業にかかわる知識や理解をもたらすものではなく、職業にかかわる動機や意欲を喚起し、勤労の喜びや感動を与え、新たな認識や行動へと誘引することを第一義とするものでなければならない。なぜならば、「我々が物事に接触し、体験するということは、……物事を認識するということだけでなく、その人格形成全体に影響を与えるものと考えられる」(注5) からである。このことは、インターンシップにおいて育まれる幼児・児童・生徒・学生の資質能力が包括的・総合的にしかとらえることのできないものであることを示唆している。すなわち、インターンシップは、幼児・児童・生徒・学生の人間性にかかわる資質能力の実践的・全面的な育成に寄与する活動なのである。それゆえに、幼児・児童・生徒・学生は、職業や勤労にかかわる文字や記号による理論的・客体的・受動的な知識・理解をインターンシップによってはじめて生き生きとした自己の感覚による実践的・主体的・能動的な認識としてとらえ直すことができるのである。

　言うまでもなく、インターンシップが「教育体験」であるためには、

周到な準備が必要となる。学校教育機関による一定の関与は、ほんらい、事前指導や事後指導の充実、実施体制の整備、学修の評価など、インターンシップを実施するためのあらゆることがらに及ぶ。しかしながら、学校教育機関におけるこのような自覚や積極的な取り組みは、未だ十分なものとは言えない状況にある。インターンシップの充実は、そもそも、グローバル化によってもたらされる仕事に対する価値観や働き方の多様化への受動的な対応策としてとらえられるべきものではない。それは、むしろ学習意欲や就労・勤労意欲、自己肯定感の低さや現状への安住志向など、「意欲を持てない青少年の増加への懸念」を克服し、幼児・児童・生徒・学生の人格の完成とわが国の発展のための能動的な取り組みとしてとらえられなければならない。今後のインターンシップの充実が、単に多様化を推し進めるだけのものではなく、教育活動としての核心を軸として展開されることを心から強く期待したい。

注

1　文部科学省「平成26年度　大学等におけるインターンシップ実施状況について」(http://www.mext.go.jp/component/b_menu/other/__icsFiles/afieldfile/2016/03/15/1368428_01.pdf、p.1、2016年)。
2　日本インターンシップ学会関東支部監修『インターンシップ入門——就活力・仕事力を身につける』(玉川大学出版部、p.9、2015年)。
3　田中宣秀「インターンシップの原点に関する一考察——実験・実習・実技科目のキャリア教育・大学改革における意義」(『生涯学習・キャリア教育研究』第6号、P.12、2010年)。
4　文部科学省『高等学校キャリア教育の手引き』(p.112、2012年)。
5　森宏一編『哲学辞典』(青木書店、p.289、1985年)。
6　田村鍾次郎編著『体験学習を創る』(東洋館出版、p.11、1992年)。

主な参考文献・資料

- 森昭『経験主義の教育原理』(金子書房、1950年)。
- 原聰介ほか『教育と教育観——現代教育の本質と目的を考えるために』(文教書院、1990年)。
- 文部科学省国立教育政策研究所生徒指導・進路指導研究センター「キャリア発達にかかわる諸能力の育成に関する調査研究報告書——もう一歩先へ、キャリア教育を極める」(実業之日本社、2014年)。

Ⅱ　インターンシップの事前・事後指導について
　―教育実習を事例として―

佐久間裕之

はじめに

　今日、大学等において「キャリア教育としてのインターンシップ」を導入する動きが活発になってきている。文部科学省の調査によれば、約1,100校の大学等でインターンシップが実施され、その実施率は93.7%に及んでいることがわかる（注1）。このように、インターンシップは今日、広く高等教育の領域に浸透してきたと言っても過言ではない。しかしその一方で、インターンシップの充実と質保証が焦眉の課題ともなっているのである。この課題へ取り組むにあたって注目されているのが、インターンシップに対する大学等の積極的な関与であり、その具体化として求められているのがインターンシップの事前・事後指導の機会を大学等で提供するなど、サポート体制の構築や充実である。

　本稿では、インターンシップの事前・事後指導を単位化し、大学教育の中に位置付けている事例として、今日、インターンシップの1つとされる教育実習の事前・事後指導を取り上げる（注2）。そしてそこからインターンシップにおける事前・事後指導のあり方について、若干の示唆を導き出そうと試みることにする。

1. インターンシップにとっての事前・事後指導の意義

　大学等で用いられているインターンシップ（internship）という言葉は、一般には「学生が企業等において実習・研修的な就業体験をする制度のこと」（注3）を指している。わが国ではさらに広く「学生が在学中に自らの専攻、将来のキャリアに関連した就業体験を行うこと」と規定されている（注4）。いずれにせよ、インターンシップは、その語源となるラテン語のインテルヌス（internus：内側へ向かう、内部の）が示してい

るように（注5）、学生が基本的に学外の就業先に入り込んで学修する機会となる。したがって、「就業体験」とは言っても就業そのものを目的とするいわゆる労働とは全く異なっている。インターンシップでは、大学等でのいわば外側からの理論的学修と密接に関連しながらも、そうした理論的学修では到達し得ない、就業先での内側からの実践的学修が期待されているのである。

　これはしかし、インターンシップへ赴く学生たちにとっては、普段の馴染みある母校をいったん離れて、いわばアウェーな場所に入り込まねばならないことも意味している。したがって、インターンシップへ送り出す側としては、就業先との連携は当然のこと、学生たちに対する事前指導の実施が不可欠となる。私立文系大学を対象に行われたインターンシップに関する調査によれば、インターンシップ実施校の93.4％が事前指導を、また85.6％が事後指導を行っていることが明らかになっている。そして事前指導に関しては、インターンシップを実施する前に学生が「何らかの指導」を受けることが「当然」であるが、その内容に関しては「職場のルール、エチケットやマナー」の指導が9割を超え、「企業・業界研究」といった就業先に直結する事前指導は半数の機関にとどまっていると言う（注6）。事後指導に関しては、「日誌・振り返りシートの提出」や「学内での報告会」など、「インターンシップでの経験の記録や反省・振り返りが中心」となっており、「インターンシップ後につながる指導が十分為されているとは言いがたいのが実情」と指摘されている（注7）。

　2014年に一部改正された3省合意の「インターンシップの推進に当たっての基本的考え方」（以下、「基本的考え方」と略記）は、インターンシップ推進の望ましいあり方について、次のように指摘している（注8、傍点筆者）。

　　インターンシップについては、大学等の教育の一環として位置付けられ得るものであることから、**大学等が積極的に関与することが必要である**。この観点から、事前・事後教育等の機会を提供する等のサポート体制を構築することは、その教育効果を高めるという点で有益である。

　このように、インターンシップの教育効果を高めるために、大学等が積極的に関与するという意味で「事前・事後教育等」の機会提供が「有

益」なものとして明示されたのである。そして「基本的考え方」はさらにインターンシップの単位化と教育効果を関連付けて次のように述べている（注9）。

> ……インターンシップを大学等の単位に組み込むことは、大学等の教育、特に専門教育とのつながりがより明確になることや、インターンシップ・プログラムや事前・事後教育等の体系化及び充実が図られる等、インターンシップの教育効果を高め、学生が大学等における教育内容をより深く理解できるというメリットがあり、望ましいと考えられる。

このように、インターンシップを単位化し、大学教育の正規課程に組み入れることによって、その事前・事後指導の「体系化及び充実が図られる」等、インターンシップの教育効果が高まると提言している（注10）。インターンシップの充実の鍵を握るものととらえられているのが、インターンシップの単位化と事前・事後指導の体系化・充実なのである。

2．教育実習における事前・事後指導の単位化

　周知のように教育実習は今日、インターンシップの一種として位置付けられ得るものとなっている。戦後日本の教員養成は、1949年5月に公布された教育職員免許法から始まった。この法律によって教員養成制度の2大原則である「大学における教員養成」と「開放制」（設置基準を充足すればどの大学・学部でも教員養成ができる制度）が示され、教育実習は「教職に関する専門科目」として単位化され、今日に至っている。つまり教育実習は、既に早くから単位化が推し進められてきた先行事例の1つと見なすことができる。さらにわが国では、1988年の教育教員免許法及び1989年の同法施行規則の改正によって、教育実習の単位には「教育実習に係る事前指導及び事後指導」の1単位が含まれることとなった。そして1992年度から、教育実習事前・事後指導の単位化が実質的にスタートしている。このように教育実習の場合、現場での実習に留まらず、事前・事後指導までもが単位化されている点が特徴的である。したがって教育実習の事前・事後指導を取り上げることは、インターンシップにおける事前・事後指導の単位化や充実へ向けての検討材料として有益な手がかりの1つになるものと考えられる。

前述のとおり、わが国では教育実習の事前・事後指導は単位化されている。その背景にあるのは、教職界における優れた人材確保・人材育成への関心である。教育職員養成審議会（教養審）の答申「教員の資質能力の向上方策等について」（1987年）には、教員に求められる「資質能力」として、①教育者としての使命感、②人間の成長・発達についての深い理解、③幼児・児童・生徒に対する教育的愛情、④教科等に関する専門的知識、⑤広く豊かな教養、⑥これらを基盤とした実践的指導力の6点が示され、教員の養成・採用・現職研修の各段階を通じて、これら資質能力の向上方策が講じられるべきであるとされた。そして「教職に関する専門教育科目」の1つである教育実習に関しては、次のような改善が提言されたのである（注11）。

> 教職に関する専門教育科目のひとつである教育実習は、学校環境における幼児・児童・生徒との直接的な接触の過程を通して、大学において学んだ知識や理論を現実の学校教育に適応する能力や問題解決能力などを養わせるとともに、教員としての能力・適性についての自覚を得させることを目的とするものである。このような趣旨の教育実習は、教員となるための必須条件であり、教員免許状を授与する上で欠くことのできないものである。教育実習については、……（中略）……その構造化と内容の改善を図るため、「事前及び事後指導」を新たに設ける必要がある。

　このように教養審の提言は、大学で学んだ知識・理論を現場で適用する機会として、また教職への自らの適性を自覚する機会として教育実習をとらえた。さらに教養審は、教育実習の「構造化と内容の改善」のために「事前及び事後指導」を新設する必要性を訴えたのである。この答申を受けて、前述のとおり、教育教員免許法の改正（1988年）及び同法施行規則の改正（1989年）がなされ、教育実習の単位には「教育実習に係る事前指導及び事後指導」の1単位が含まれることとなった。そして1992年度から教育実習事前・事後指導の単位化が実質的に始まり今日に至っているのである。

3．教育実習と事前・事後指導の構造

　では、このように単位化された教育実習の事前・事後指導は実際にど

Ⅱ　インターンシップの事前・事後指導について

のような内容となっているのか。ここでは玉川大学教育学部における教育実習の事前・事後指導を事例として紹介する。玉川大学教育学部は2005年、文部科学省の「資質の高い教員養成推進プログラム」（教員養成GP）に採択され、2005年度から2006年度にかけて「実践的指導力を育てる体験学習プロジェクト」を実施した（注12）。このプロジェクトは全部で4つあったが、教員免許状取得にかかわる法令実習を含むプロジェクトが、「教育実習・介護等体験プログラム」であった。このプログラムは、①早い段階で学校現場に触れる機会となる参観実習（1・2年次、各1日）、②介護等体験（2年次、特別支援学校2日、社会福祉施設5日）、そして③「法令実習」の教育実習（3年次の事前指導、4年次の現場実習と事後指導）から構成されていた。度重なるカリキュラム改訂を経た今日においても、このプログラムは基本的に同じ構成が保たれている。以下においては教育学部教育学科における教育実習（小学校教諭の免許状取得希望者対象）のケースに焦点を絞り、教育実習及び事前・事後指導の基本構造について紹介する。その際、前述の教員養成GPのプロジェクトが実施されていた当時の記録（2005・2006年度）にもとづいて述べていくことにする。

　まず、教育実習の基本構造について述べると、教育実習は3年次に実施される「事前指導」、4年次に4週間にわたって実施される狭義の「教育実習」（以下「現場実習」と表記）そして「事後指導」の3区分からなる。これら3つを合わせて教育実習は5単位で構成されている。このうち事前指導と事後指導は、2つ合わせてこの5単位内の1単位分に相当するが、現場実習と単位上切り離されていない。事前指導が不可となれば現場実習の実施はできなくなり、また事後指導が不可となれば、最終的な教育実習（5単位）の単位認定はされなくなるのである。

　次に事前指導の内容構成について紹介する。事前指導は大学3年次の秋学期、50分1コマの授業を1回につき2コマ（合計100分）、合計15回で実施された。

　その内容構成は、①導入：教育実習とその事前指導を受けるに当たっての心構え（1回）、②小学校教育の現状と課題及び教員の職務内容（2回）、③授業設計と指導案作成及び模擬授業（9回）、④日誌・身上書の作成（2回）、⑤総括：教育実習へ向けて（1回）からなっている。なお、この事前指導は教育学科主任、教育学科教職担当の専任教員、公立小学校校長、私立玉川学園教育部長さらに実務経験の豊富な教育学科講師（現在は教職サポートルーム教授）が担当する。

ところで、この内容構成を一瞥すれば模擬授業の機会が突出して多いように思われるであろう。確かに現場実習に向かう学生たちが最も不安に思うのが授業のことであり、そのことへの事前準備を兼ねて模擬授業を行うことは重要ではある。しかし、模擬授業はあくまでも模擬であって、実際の授業とは異なっている。また、現場実習は授業場面以外のさまざまな職務事項を含んでおり、授業への備えだけで十分でないことは言うまでもない。むしろ模擬授業を含む一連の事前指導を通じて期待されているのは、現場実習で求められる「学習指導」にとどまらず、その前提として必要な「児童理解」「学習指導」と密接に関連する「学級経営」や「生活指導」、そして教員に求められる「人格的触れ合い」への視点等を得ることと、それら各視点に関連した各自の課題の自覚である。また、これら一連の事前指導を通じて、学生たちは教育実習生に求められる服装、礼儀・マナー、そして上司・同僚・保護者・児童に対するふさわしい言動についても改めて自覚が促されることになる。

　この事前指導の評価はP・F（合・否）で行われ、P評価を得た学生は4年次の春学期、4週間にわたる小学校での現場実習を行うことになる。現場実習中の実習生の指導は、実習校側と大学の指導担当教員とが連携して行う。そして現場実習後に大学の指導担当教員との間で行われるのが事後指導である。事後指導は、①実習校の実態（環境・雰囲気・児童など、実習校の現実）、②教科指導（教材研究、指導案作成、授業の実際）、③教育実習の形態（参観・観察、実地授業、研究授業）、④学級経営・生活指導・特別活動、⑤実習校による指導（特に良かった点・改善を希望する点）、⑥実習日誌記入にあたって工夫した点、⑦大学で事前に指導してほしかった事柄について、あらかじめ学生が報告書を作成し、それをもとにして大学の指導担当教員が実施する。事後指導の時間は、学生と担当教員が個別面談の形をとって行う。この事後指導において重要なことは、現場実習を行った学生自身の実習の成果と今後の課題への自覚を促すことにある。

おわりに

　以上、インターンシップの一形態としての教育実習における事前・事後指導について述べてきた。事前指導は大学での理論的学修から現場での実践的学修へ、逆に事後指導は現場での実践的学修から大学での理論的学修へとつなぐ重要な役割を担っている。つまり、インターンシップ

の事前・事後指導は、大学と現場の往還的関係を支える紐帯なのである。その意味で、事前指導では実践的学修の場へ臨む学生たちがそれぞれどのような視点で現場を体験するか、それを見通せる「地図（Landkarte）」（J. F. ヘルバルト）のようなものを提供すべきである（注13）。一方、事後指導では、学生各自の主観的な体験を省察し、そこからより有用性の高い客観的な知見や教訓、今後の課題を引き出し（いわゆる「体験の経験化」）、更なる理論的学修への動機付けを促すことが求められる。

しかしながら、「地図」で確認したことしか見ようとせず、本来の最醇なる体験から心を閉ざす「体験の狭隘化」や、有用性という尺度にのみ関心を持ち、体験される「こと（事）」の世界を「もの（物）」化してとらえる、（M. ブーバーが批判する意味での）「経験（Erfahrung）」（注14）へと転換する堕落形態には気をつけなければならない。事前・事後指導のまなざしの向こうには、生きた現実の職場と、そこに生きる人々の生がある。そこでの活動や交わりをただ単位や資格のための通過点としてのみとらえさせず、その現場と「一生付き合う」（注15）ほどの気構えへといざなう。事前・事後指導を担う者の責任は重いのである。

注

1 文部科学省「平成26年度大学等におけるインターンシップ実施状況について」（2016年3月15日、P4、http://www.mext.go.jp/component/b_menu/other/__icsFiles/afieldfile/2016/03/15/1368428_01.pdf、2016年4月3日アクセス）。

2 学校におけるインターンシップの4形態として、①教育実習、②各大学等が独自に開講・開設する狭義のインターンシップ、③学校支援ボランティア、④各自治体主催の教師塾があげられている（日本インターンシップ学会関東支部監修『インターンシップ入門——就活力・仕事力を身につける』（玉川大学出版部、2015年、P.124）。なお、中央教育審議会は「これからの学校教育を担う教員の資質能力の向上について」を答申し、前述の②に相当する「学校インターンシップ」（仮称）に関して、その教育実習の一部への充当など、制度の具体化を検討するとしている（2015年12月21日、p.33）。

3 古閑博美編著『インターンシップ 第2版』（学文社、2015年、p.12）。

4 文部科学省・厚生労働省・経済産業省「インターンシップの推進に当たっての基本的考え方」（一部改正、2015年12月10日、p1、http://www.mext.go.jp/component/a_menu/education/detail/__icsFiles/afieldfi

le/2015/12/15/1365292_01.pdf、2015年12月31日アクセス）。
5 　渡辺三枝子・久保田慶一編『はじめてのインターンシップ――仕事について考えはじめたあなたへ』（アルテスパブリッシング、2011年、p.44）。なお、インターンシップの本質を規定する際に重要なことは、「その本質が欠けるならばインターンシップをインターンシップとは呼べなくなるインターンシップに共通する性質」を明らかにすることである。わが国では「日本式インターンシップ」と呼ばれるような特殊な経緯・実態の存在が指摘されているが、その経緯・実態の存在とインターンシップの本質そのものとを混同してはならない。語源をひも解く作業は、あることがらが他のことがらと「こと分け」される始原を知り、そのことがらに共通する性質を把握する際に用いられてきた基礎的作業の１つである。この文献が指摘しているように、インターンシップの本質を把握しようとする場合には、就業体験に共通している、就業先の「内部での」体験という性質をまず押さえることが重要となる。
6 　小林純「私立文系大学におけるインターンシップ、キャリア教育の意識――大学・短期大学との差異からのアプローチ」（日本インターンシップ学会『インターンシップ研究年報』第17号、2014年、p.30）。
7 　同上。
8 　文部科学省・厚生労働省・経済産業省、前掲（pp.2-3）。
9 　文部科学省・厚生労働省・経済産業省、前掲（p.3）。
10 　さらに文部科学省は2016年3月に「インターンシップ推進のために」を発表し、「各大学等における、①インターンシップ参加学生数の増加　②学生の参加に対する大学等の組織的・積極的な関与や把握　③単位化の推進等を進める。」としている（http://www.mext.go.jp/b_menu/internship/1368427.htm、2015年12月31日アクセス）。
11 　教育職員養成審議会「教員の資質能力の向上方策等について」（1987年12月18日、p1, http://www.mext.go.jp/component/b_menu/shingi/toushin/__icsFiles/afieldfile/2012/01/23/1315356_002.pdf、2015年12月31日アクセス）。
12 　『資質の高い教員養成推進プログラム報告書』（玉川大学教育学部、2007年3月）。
13 　Herbart, J. F., *Sämtliche Werke*, Bd. 2, Aalen: Scientia Verlag, 1964, S. 10.
14 　Buber, M., *Das dialogische Prinzip*, 13. Aufl., Gütersloh: Gütersloher Verlag, 2014, S.9-10.
15 　関満博『現場主義の知的生産法』（筑摩書房、2002年、pp.27-33）。

Part 5
インターンシップの基本用語 200

インターンシップの基本用語 200（項目一覧）

IQ	企業研究	コーチング（Coaching）
ID（Identity Card）	企業研修	顧客
アウトプット（Output）	企業訪問	国語の4技能
青田買い（青田刈り）	企業倫理	5W1H
アカデミックハラスメント	基礎的能力	懇親会
アクティブ・ラーニング	規範遵守	コンソーシアム（Consortium）
アルバイト	キャリア（Career）	サービス学習
EQ	キャリアインターン制度	差別
eビジネス	キャリアガイダンス	産学連携
一般教養	キャリア・カウンセラー	参加重視型
インセンティブ（Insentive）	キャリア教育	産官学
インターン（Intern）	（Career Education）	産官学連携
インターンシップ（Internship）	キャリア形成	産業カウンセラー
インターンシップ制度	キャリア志向	産業社会
インターンシップの定義	キャリア指導	3省合議（合意）
インターンシッププログラム	キャリアデザイン	資格
インターンシップ報告会	（Career Design）	事後学習
インプット（Input）	キャリアパス	施策
エクスターンシップ	業界	事前学習
（Externship）	業種	七五三現象
NGO	業務改善	実習
NPO	勤労観	実証主義
エントリー・シート	グローバル化（国際化）	実践重視型
OJT	グローバル人材	実務
Off-JT	経営者協会	実務能力
海外（国際）インターンシップ	経済団体	実力主義
外資系企業	経済同友会	社会人基礎力
会社（企業）説明会	経団連	社会的自立
課外活動	傾聴	若年者就職基礎能力
学士・修士・博士号	契約	社訓
学修	見学・仮想体験型	社是
学士力	健康診断	社則
学生教育研修災害障害保険	検定	就業規則
官公庁	現場実践型	就業体験
歓送迎会	公私混同	就職協定
管理職	高等教育機関	就職氷河期
危機管理	コーオプ教育	就職率
企業開拓	コーオププログラム	守秘義務

インターンシップの基本用語200（項目一覧）

小規模事業主
商工会、商工会議所
少子高齢化
情報開示
職位
職業観
職業教育
職業紹介所
職業選択
職業的自立
職種
人権
人権感覚
人材教育
シンドローム（Syndrome）
シンポジウム（Symposium）
スタディキャリア
　（Study Career）
ストレス
ストローク（Stroke）
成果主義
成果物
製品（商品）開発
誓約書
セクシュアルハラスメント
セミナー、ゼミナール
　（Seminar）
セミナー型
専門教育
専門実習（法令外のもの）
専門実習（法令にもとづき規定されたもの）
専門職

早期離職者
大学進学率
大企業
単位
中小企業
中小企業家同友会
長期インターンシップ
著作権
トロウ・モデル（Trow Model）
内定、内々定
ニート
日系企業
日報
ネチケット
年功序列
ノウ・ハウ
ハイテク（High-Tech）
ハラスメント（Harassment）
パワーハラスメント
汎用的能力
PC
PDCA
ビジネス（Business）
ビジネスインターンシップ
ビジネス・キャリア
　（Business Career）
ビジネスパーソン
ビジネスプレゼンテーション
ビジネスマナー
　（Business Manners）
フィールドワーク
フォーラム（Forum）
プライバシー

フリーター
無礼講
プレゼンテーション
　（Presentation）
フローチャート（Flow Chart）
ベンチャー企業
ベンチャービジネス
　（Venture Business）
報告書
報告・連絡・相談・伝達・説明
　＋確認
法人
ボランティア
マタニティハラスメント
マッチング
マニュアル
ミス
3つの言語
　（会計・自然・人工）
ミスマッチ（Mismatch）
魅力人材
免許
メンター（Mentor）
メンタルヘルス
ユニバーサル化
ラーニング・アウトカム
ライフキャリア（Life Career）
リスク（Risk）
履歴書
臨地実習
ワーク・ライフ・バランス
ワンデイ（1day）インターンシップ

インターンシップの基本用語200の解説

IQ

知能指数（intelligence quotient）の略記であり、一般的には、推理能力や概念化能力など高次の心的な機能である知能の発達の程度を現わす尺度の1つ、あるいは、知能検査の結果を表示する方法の1つとして説明される。

IQには、生活年齢と精神年齢（知能年齢）の比を基準とした比率IQと同年齢集団における位置を基準とした標準得点としての偏差IQの2種類がある。もともとIQは、比率IQを意味するものとしてとらえられていたが、近年では、偏差IQを意味するものとしてとらえられることが多い。IQで測定された知能に、統一的な定義はなく、範囲も明確でない。そのため、IQは、算出方法により、異なる意味をもつものであることを十分に理解しておくことが必要である。　　　（山口圭介）

ID（Identity Card）

公的機関が発行する所有者の身分を証明するものを表す。passportやcredit cardもID cardとして通用するが、最も信頼されているのは運転免許証（driver's license）と言われる。米国では州によっては独自のID cardを発行しているところもある。英国では個人尊重の建て前から身分証明書のようなものは持ち歩かないこともあると言う。（根木良友）

アウトプット（Output）

アウトプットとは、自身の知識や経験、意見、考え、アイデアなどを、外部に対して、口頭、あるいは文書またはメモなどの形にして表現し発表すること、または、表現し発表されたものを指す。アウトプットするためには、常日頃から外部のいろいろな事象に対してアンテナを張り巡らし、知識や情報を得たり、経験を積んだりして、自分の中に知識や経験や考えを蓄積している（インプットしておく）ことが必要となる。　　　（高橋哲夫）

青田買い（青田刈り）

青田買いは、卒業前の学生を実る前の稲に例えて、企業が優秀な人材を確保するために卒業予定の学生に早期に内定を出すことを言う。1997年に就職協定が廃止されて以降、採用活動の早期化はいっそう進んだが、就職難もあいまって就職活動の長期化が生じ学業への影響が問題となってきた。

2016年度入社以降の採用選考時期の後ろ倒しを背景に、インターンシップをつうじて優秀な学生を早期に囲い込もうとする企業が見られる。ただし、学生の就業意識が十分でない段階で採用を決定するインターンシップは、学生の不安や学習意欲低下を引き起こしかねず、「青田刈り」になってしまうことが危惧される。　　　（吉原元子）

アカデミックハラスメント

研究、教育の場において、優越的地位にある者がその権限を濫用、逸脱して、研究活動、教育指導、就労などに関する嫌がらせを行うこと。略称アカハラ。それにより相手の研究をする権利、教育を受ける権利の侵害となる。具体例としては、教授が研究員や学生に対して侮辱的な言動をする、正当な理由なく卒業・昇格させない、研究成果を奪うなどのほか、無関係の雑務の強要する、指導拒否などの行為があげられる。各大学、研究機関等ではアカハラも他のハラスメントと同様、防止策を定め問題が起きたときには適切な措置を

講ずるよう努めているが、研究職は圧倒的に女性が少ないこと、教授や上位職に権力が集中していること、大学の自治の名の下に密室的対処が行われやすいことなど、アカハラ独自の特徴が解決を困難にしているという構造的問題がある。　　　　　　　　（田村明子）

アクティブ・ラーニング

　学生の能動的な学習活動を中心とする教育方法。1980年代頃から、米国の高等教育改革の中で徐々に普及してきた。アクティブ・ラーニングの目的は、「認知的、倫理的、社会的能力、教養、知識、経験を含めた汎用的能力の育成」（文部科学省）である。具体的な手法としては、教室内で主に実施するブレーンストーミング、グループディスカッション、ディベート、グループワーク、より高次的なPBL（課題解決型学習）等がある。しかしながら、これらの手法を単に用いれば効果が上がると言うものではない。学修目的や学生の状況を踏まえて、受講者たちが相互に刺激を与え合うような仕組みを構築することにより、その効果を高めることが可能になる。
　　　　　　　　　　　　　　（牛山佳菜代）

アルバイト

　非正規雇用の一形態。ドイツ語の「Arbeit（勤労・仕事）」が語源で、もとは本業の傍ら行う副業、内職の意味で使われていたが、現在は本業の有無にかかわらず、正規雇用ではない短時間勤務もしくは一時的労働形態を言う。その意味でパートタイムとほぼ同義であるが、法律上両者の区別はない。短時間労働者の雇用管理の改善等に関する法律では短時間労働者とは「一週間の所定労働時間が同一の事業所に雇用される通常の労働者の一週間の所定労働時間に比し短い労働者」と定義している。アルバイト（パート労働者）であっても労働者に変わりはないので、要件を満たせば各種労働法の適用があり有給休暇の取得や各種保険にも加入することができる。
　　　　　　　　　　　　　　（田村明子）

EQ

　感情知能あるいは情動知能（emotional quotient）の略記であり、「自分の感情を認識し、自制する能力、他者を共感的に理解する能力」など、実社会の人間関係の中で重要な一種の知性、あるいは、感性の豊かさを表す指数として説明される。IQと対比させて使用されることも多く、D.ゴールマンは、人間の聡明さをIQではなくEQによるものであると主張している。そのため、EQは、知能を多面的にとらえたより実質的な判断基準として、人材育成の観点から重要視されることが少なくない。なお、心理学においては、感情知能あるいは情動知能はEIと略記されることが多く、EQは、教育指数（educational quotient）や発達指数（Entwicklungsquotient）の略記としても用いられる。
　　　　　　　　　　　　　　（山口圭介）

eビジネス

　1997〜1998年頃にIBM及びその会長であったルイス・ガースナーにより提唱された用語である。
　ネットワークコンピューティングを発展させ、そのネット環境の下で企業、団体、個人等をつなぎ、情報を交換し、商取引を行い、そのために必要なソフトウェアの開発やコンテンツの開発、従来からの業務の効率化、情報保護などを含めた新しいビジネス環境を成立させるもので、現在では世界中であらゆるものがネットの上での取引や交渉でビジネスとして成立していると言われる。インターネット等のネットワークコミュニケーション技

術を活用すれば、ビジネスのみならず、政治、教育等のあらゆるジャンルでの社会変革も可能と考えられており、そのきっかけとなった概念である。　　　　　　　　（宮本伸子）

一般教養

　高等教育における一般教養・教育の地位は、一段低く見られがちであった。だが、1991年の大学設置基準等の大綱化を機に、専門性の向上は大学院を主体にして行い、一方で、学部教育は、教養教育と専門基礎教育とを中心に行うことが基本となった。各大学では教養教育のあり方を総合的に見直し、再構築が求められた。

　社会の激しい変化に対応し得る統合された知の基盤としての教養教育は、同時に、教員の教養教育に対する意識改革なしには実現できない。知識をわかりやすく興味深い形で提供したり、自らの学問を追究する姿勢や生き方を語るなど、学生の学ぶ意欲や目的意識を刺激していくことも求められている。

　　　　　　　　　　　　　　（宮田　篤）

インセンティブ（Insentive）

　人を動機付ける誘因のことであり、報酬（reward）とも呼ばれる。企業の経営という立場からは、従業員を動機付け、やる気を引き出すことによって、よりよく働いてもらう必要がある。ハーズバーグの「動機付け＝衛生理論」では、与えられなければ不満を感じるインセンティブ（賃金、作業条件、経営方針、上司・同僚・部下との人間関係など）と、満足が高まるインセンティブ（達成、承認、仕事そのもの、責任、昇進、成長など）があることが主張されている。具体的には、コストのかからない表彰制度を導入するなどが考えられる。インセンティブは、従業員の期待や将来の行動に影響を与えるものであり、そ

の仕組みづくりが重要である。　　（手嶋慎介）

インターン（Intern）

　一定期間の実習的勤務を行っている研修生または研修のこと。かつては、医師・理容師・美容師の免許・資格の取得のための実習生あるいは実習制度を意味するものとしても使用されていたが、現在では、広く、企業や官公庁等において就業体験を行う学生あるいは就業体験の制度（すなわち、インターンシップ）を意味するものとして使用されることが多い。制度としてのインターンは、米国では、広く普及しており、ほぼ全ての学生が在学中にインターンとしての活動を行っている。わが国においても、インターンは、キャリア教育・専門教育を推進していくためのきわめて有効な取り組みとされ、その普及・促進が積極的に図られている。

　　　　　　　　　　　　　　（折戸晴雄）

インターンシップ（Internship）

　教育機関における学修と社会での経験を結びつけることを目的として、自らの専攻、将来のキャリア・プランに関連した就業体験を通じて、自己の職業適合性や将来のキャリアを考える機会であり、職業選択や職業意識の育成を図る取り組みのこと。

　わが国におけるインターンシップの推進が加速化されたのは、1997年の「教育改革プログラム」（文部省、1997年1月）及び「経済構造の変革と創造のための行動計画」（閣議決定、1997年5月）を踏まえ、1997年9月に発表された文部省（現文部科学省）、通商産業省（現経済産業省）、労働省（現厚生労働省）の共同で作成された「インターンシップ推進に当たっての基本的考え方」によるところが大きい。「3省合意ペーパー」とも呼ばれるこの取りまとめは、「インターンシッ

プの普及・推進を図る上でのさまざまな課題や、キャリア教育・専門教育や大学改革推進に向けた意義に加え、近年の社会状況にも対応した推進の必要性、現在のインターンシップの実施状況や課題等」を踏まえ2014年と2015年に見直され、インターンシップの更なる推進と取り組みへの支援が図られている。
（折戸晴雄）

インターンシップ制度

1997年の3省合意以降、インターンシップの総合的な推進が進められるようになり、大学の取り組みへの支援、企業の取り組み推進に関する施策が行われるようになった。また、2010年には大学設置基準が改正され、大学における「職業指導：キャリアガイダンス」が義務化されたため、現在、インターンシップを単位認定対象としている大学（学部・大学院）は566校（全体の72.9％）にのぼり、年々増加している（「平成26年度大学等におけるインターンシップ実施状況について」より）。一方で、新卒採用時期の変更により、企業の広報を含む採用選考に関連するプログラムも「インターンシップ」と称されることも多く見られるようになっており、インターンシップそのものに対する制度設計のあり方が問われている。 （牛山佳菜代）

インターンシップの定義

インターンシップには、「企業などにおける見習いまたは研修」（新井郁男）、「大学生などが自らの専攻、将来のキャリア・プランに関連して、在学中に一定期間、企業その他で就業体験を積むための実習制度」（桑原靖夫）など、一般的には、「学生が企業等において実習・研修的な就業体験をする制度のこと」を意味するものとして定義される。わが国おけるインターンシップのもっとも代表的な定義の1つとして、文部省（現文部科学省）、通商産業省（現経済産業省）、労働省（現厚生労働省）が共同で作成した「インターンシップの推進に当たっての基本的考え方」における「学生が在学中に自らの専攻、将来のキャリアに関連した就業体験を行うこと」をあげることができる。 （折戸晴雄）

インターンシッププログラム

インターンシッププログラムを大別すれば、セミナー・会社説明会に近い「ワンデイ型」、店舗・工場見学や社員との交流会等を中心とする「見学型」、実際に与えられた課題等に取り組む「仮想体験型」、実際の部署に配属され業務の一端を担う「現場実践型」、学生たちでチームを組み、事業にかかわるプロジェクトに取り組む「プロジェクト型」等があり、企業・団体はこれらを組み合わせてプログラムを構築していることが多い。日本の場合、短期間型研修が多いため、現場を見学し簡単な作業を行う程度にとどまるプログラムが多いが、インターンシップの教育効果を高めるためには、単なる見学で終わらせるのではなく、プログラムの実施目的を学生・大学・受入団体が共有し、内容の更なる充実を図ることが必要である。 （牛山佳菜代）

インターンシップ報告会

大学等や仲介する協議会において、インターンシップ参加学生による体験報告及び受入機関による総評などを行うイベントのこと。学生は、体験を振り返ることで、実社会に出て働く意義や、今後の大学生活で何を学び、どのように過ごすかなどを改めて考える機会になる。また大学等や受入機関は、学生の発表内容を通して学生の学びや成長、プログラムの成果と課題を確認することができる。
（松坂暢浩）

インプット（Input）

　インプットとは、アウトプットの反対で、知識、情報、経験などを内部に取り入れること、あるいは内部に取り入れられたものを指す。インプットをするためには日頃から外部に対して情報のネットワークを張り巡らしいろいろな知識を吸収するとともに、活動範囲を広げて自らの体験を増やしていくことが必要である。このインプットされた情報等を頭のなかで咀嚼し、熟成させることによって、立派なアウトプットが可能になるため、インプットの作業は極めて重要となる。

（高橋哲夫）

エクスターンシップ（Externship）

　わが国では、法科大学院生が法律事務所や官公庁、企業などで実習する制度のことを意味するものとして用いられるほか、キャリア教育の一環として行われる大学生向けの短期就業体験プログラムの意味において用いられる。前者の場合、法律家としての任務の意義や責任の重大さを社会のなかで経験することや事実認定能力、問題発見能力、コミュニケーション能力等の向上などが目的とされ、教育課程において「法曹としての専門的技能の教育に関する実務基礎科目群（法文書作成、ローヤリング、模擬裁判、クリニック、エクスターンシップ等）から4単位相当選択必修を可能とするように努めること」が義務付けられている。また、後者の場合、米国など海外において用いられるのと同じく、エクスターンシップは、主に大学1～2年生を対象とした見学や体験などを内容とする1週間程度の無給で行われる就業体験のみを表わすものとして、インターンシップとは明確に区別される。

（折戸晴雄）

NGO

　非政府組織（Non-Governmental Organization）の略記。平和・人権問題などで国際的な活動を行っている非営利の民間協力組織のこと。

（吉田雅也）

NPO

　民間非営利団体（Non-Profit Organization）の略記。政府や企業などではできない社会的な問題に、非営利で取り組む民間団体のこと。

（吉田雅也）

エントリー・シート

　学生が就職を希望する企業やインターンシップ受入企業に提出する応募用紙。entry sheet は和製英語（英語では application）。主に氏名、住所、学歴、賞罰、自己PR、志望動機などについて記載する。履歴書との違いは、企業が定めた質問項目、書式に従って記入する必要があること。

（吉田雅也）

OJT

　職場での実務を通じて行う従業員の教育訓練のこと。On-the-Job Training の略記である。⇔オフ・ジェー・ティー【Off-JT】。

（吉田雅也）

Off-JT

　Off-JT（Off-the-Job Training）は OJT と対をなす概念の言葉で職場外（社外）研修のこと。二者は相互補完的な役割がある。Off-JT は日常業務を通じた社員教育ではなく、社外で現実に即した実務教育の観点で行われる。職業訓練施設での教育訓練や、社会人大学院で実施されるケーススタディ等の講座で問題発見・改善・解決等と取り組む。また、人間的成長を促す側面がある。新技術や最新知識の習得、変化の激しい社会環境下での職

務遂行能力の向上を目的とする。

訓練内容や研修プログラムは、社内外の担当者が企画立案し、実践的なカリキュラムやプログラムが特徴である。　　　（古閑博美）

海外（国際）インターンシップ

国外でインターンシップをすること。インターンシップの期間として数週間から1年半までと国内インターンシップと比較しても比較的長くなることが多い。日本国内の大学が海外の提携校との間で学生に提供する場合、国内インターンシップと同様にカリキュラムに組み込み単位化する傾向が強い。また、教育機関が提供する以外に民間企業が海外企業と学生・社会人を斡旋するケースもある。その場合、英語力や職務経歴を問われないことも多くその門戸は広い。一方で参加希望の国と参加期間、企業の募集内容により、高い英語力と職務経歴が求められるインターンシップもある。近年進む企業のグローバル進出や学生のグローバルキャリア志向増加により海外インターンシップ参加者は年々増加傾向にあり、海外（国際）インターンシップはワーキングホリデーを利用したインターンシップよりも仕事や地域での交流に多くの時間を費やすため海外での社会経験が醸成されやすいとされる。　　　　　　　　（小林直樹）

外資系企業

外国企業の日本子会社であり、合弁会社（外国資本と国内資本が共同出資）も含まれる。経済産業省が毎年発行するレポート「外資系企業動向調査」では、外国企業の出資比率が3分の1をこえる企業が外資系企業とされている。また、『外資系企業総覧』（東洋経済新報社）では、主要企業として資本金5,000万円以上かつ外資の比率49％以上が対象企業となっており、その他企業では資本金に関係なく外資比率概ね20％以上という基準も採用されている。なお、ここで言う外資比率には外国の企業や個人の証券投資（間接投資）は含まれない。直接投資によって経営される企業が外資系企業である。　　（手嶋慎介）

会社（企業）説明会

会社（企業）説明会は、企業が学生に対して、企業の概要や事業内容、職種、待遇などを広く伝える場である。就職活動の最初期に実施されるため、学生は情報収集のため応募するかどうかにかかわらず参加する場合が多い。企業によっては説明会後に適性試験などの選考に進むこともある。

会社説明会にはさまざまな業界や企業が合同で行う合同会社説明会と、企業が単独で行う単独会社説明会がある。志望企業や業界が定まっていない段階では合同説明会で多くの企業を見聞し、志望が明確になった段階で単独説明会に参加して企業研究を行うことが一般的である。　　　　　　　　（吉原元子）

課外活動

学校において児童・生徒が行う教科学習以外の活動のこと、すなわち教科外の活動を意味する場合と、学校において法令等で正規の活動として規定されていない活動のこと、すなわち、教育課程外の活動を意味する場合とがある。前者の意味では、「特別活動」と言い換えられ、各教科の学習に加えて、各学校が活動の教育的意義を認め、教育課程上に位置付けている活動を総括するものとしてとらえることができる。したがって、学校行事や小・中学校のクラブ活動は、前者の意味における教科外活動であるが、後者の意味における教科外活動ではない。大学などのクラブ活動やサークル活動、学生自治会活動、学校行事などは、後者の意味における課外活動であ

る。　　　　　　　　　　（山口圭介）

学士・修士・博士号

　現在の学位の通称。大学あるいは大学院の教育課程を修了し、かつ学術上の能力または研究業績にもとづいて授与されるもの。学位は、学士の場合「学士（専攻分野）」、修士の場合「修士（専攻分野）」、博士の場合「博士（専攻分野）」と表記し、括弧付きで専攻分野が付記される。

　博士は、大学院の博士課程を修了し、論文の審査及び試験に合格した者に与えられるものと、論文試験に合格して博士課程修了と同等以上の学力を認められた者に与えられるものとがある。

　なお、修士や博士は上記の学位とは別に、専門職学位の名称で使用され、専門職大学院の課程を修了した者に与えられる。しかし、同じ名称が用いられているのみで、その概念は異なる。　　　　　　　　（高橋　愛）

学修

　もともと「学問を修める」という意味であるが、2012年の中央教育審議会答申「新たな未来を築くための大学教育の質的転換に向けて～生涯学び続け、主体的に考える力を育成する大学～」において、「学習」という標記が「学修」へと統一されたことをきっかけとして、教育の分野を中心に広く用いられるようになった。当初は、高等学校までの知識・技能の受動的な学び（「学習」）と、大学の予習復習など授業の事前準備や事後の展開を含めた能動的な学び（「学修」）とを明確に区別するものとして使用されていたが、近年は、高等学校までの学びにおいても、主体的に問題を発見し解決していく能動的な学習（アクティブ・ラーニング）が推奨されるなど、「学修」の重要性が一層強調されている。

学士力

　大学卒業までに身に付けるべき共通の能力として、中央教育審議会の学士課程教育のあり方に関する小委員会が2007年の審議経過報告「学士課程教育の再構築に向けて」において、はじめて明らかにした概念である。同報告によれば、学士力は、（1）「知識・理解」、（2）「汎用的技能」、（3）「態度・志向性」、（4）「創造的思考力」の4分野から成るものとされる。経済産業省の「社会人基礎力」や厚生労働省の「就職基礎能力」などと重なる能力も少なくないが、専攻分野ならびに専攻分野以外の知識・技能に加えて、コミュニケーション・スキルや創造性、批判的思考力など、専門分野にかかわらず必要とされる汎用的技能（Generic Skills）を含む点に特徴がある。　　　　　　　　　　（山口圭介）

学生教育研修災害障害保険

　学生が教育研究活動中に被った災害に対して必要な給付を行い、大学の教育研究活動の充実・発展に寄与することを趣旨とした、公益財団法人日本国債教育支援会が取り扱う災害補償制度。略称は「学研災」。インターンシップ活動中やその往復での事故に対しても適応される。ただし、大学が正課と位置付けている場合に限る。　　　　（松坂暢浩）

官公庁

　国及び地方公共団体の役所。国の機関には中央省庁、裁判所、国会があり、地方公共団体には都道府県庁、市役所、区役所、町村役場などがある。官公庁で働く職員は公務員とされ、一般職と特別職に区別される。一般職の公務員は国家公務員法または地方公務員法により任用、職階制、給与、勤務条件、分限、

懲戒、服務などの基準が定められている。

（田村明子）

歓送迎会

歓送は「よろこび励まして、出発を見送ること」、送迎は「行く人を送り、来る人を迎えること」で、歓送迎会はあたたかい気持ちや感謝の念、励ましの意味等を込めて行う会のことである。一般に、卒業や転職、定年などを迎えた人のほか、入学、就職、転勤等で異動する人たちのために催す。企業等は、歓送迎会を交流の場と位置付け、新しく来る人との顔つなぎや去っていく人との名残を惜しむ機会としている。 （古閑博美）

管理職

企業、団体、官庁などの組織において、組織運営上、構成員を管理・監督する職務に就いている人を指す。社員である部長、次長、課長、係長、主任、平社員という企業の一般的な人事のピラミッドのなかでは、課長、次長、部長が管理職にあたるケースが多い。その場合、係長以下の社員を一般職と言う。なお、役員は経営者であり、社員ではない。

労働基準法では、労働者に対して労働時間、休憩、休日、割増賃金などの規程があるが、管理監督者＝管理職には適用されない。管理職は管理監督の仕事を全うするために時間に縛られず、断続的に勤務するためである。なお、割増賃金（残業代）の支払を減らすために管理職に任命する（係長を課長に昇格させる）という「名ばかり管理職」と呼ばれるものがあるが、あくまで、管理監督の実行が労働基準法上の管理職かどうかの判断となる。

（高橋哲夫）

危機管理

狭義では、企業・事業において大きな自然災害や不足の事態が発生した場合にその損失を最小限に抑えるための活動や対策を指す。広義では、普段からリスクの把握を行い、危機発生を回避する活動全般を含み、リスク・マネジメントと同義としてとらえることができる。近年、企業においては、災害などの大きなリスクが発生した場合にリスクを最小限に抑えて最低限の事業継続を図るためのBCP（事業継続計画）を策定することが求められている。『防災白書』によれば、2014年3月現在のBCPの策定状況は、大企業では「策定済み」と「策定中」を合わせると7割強、中堅企業では「策定済み」と「策定中」を合わせると4割強である。 （牛山佳菜代）

企業開拓

大学等の教職員やインターンシップ仲介業者（就職情報会社）等が、企業に対してインターンシップの受入を依頼する活動。ただし、受入人数の確保だけを目的とせず、教育効果の高いプログラム作成のための内容調整や、多様化する学問分野への対応のための多様な業種・職種の受入先の開拓が求められている。

（松坂暢浩）

企業研究

企業研究は就職活動において、事業内容や募集職種、待遇など、志望企業に関する調査、分析をすることである。企業研究の目的は企業の基本情報を確認するだけではなく、就職後のキャリアパスやライフプランとの適合性を見定めることにある。そのため、企業研究は自己分析と同時に進めることが大切であり、自己のキャリア志向に沿った基準をもとに企業を分析することが望ましい。企業情報の収集は主に、会社四季報や関連新聞記事の閲覧、企業ウェブサイトの閲覧、企業説明会への参加、OB・OG訪問を通じて行う。

(吉原元子)

企業研修

企業では、社員に効率的、効果的に業務を推進してもらうために、人事制度の中のサブ制度として「能力開発制度」を設けている。能力開発制度には大きく分けて①職場外で行う集合研修（Off-the-Job Training、略してOff-JT）、②職務遂行の中で先輩などがマン・ツー・マンで行う職場内教育（On-the-Job Training、略してOJT）、③自分で自主的に行う自己啓発（Self Development、略してSD）の3つがあるが、一般的に、企業研修と言うと、①の集合研修を指すことが多い。この集合研修には、ａ．社員の能力の発展段階に応じて行う階層別研修（新入社員研修、中堅社員研修、管理職研修など）、ｂ．社員の担当する業務のための研修（営業研修、技能研修など）、ｃ．時々の必要に応じて行うトピックス研修（新法施行や法改正に伴う研修、不祥事発生に伴い緊急に行うコンプライアンス研修など）がある。　　　（横山皓一）

企業訪問

インターンシップや就職活動（企業研究）の一環として、希望する企業の部門の長や人事担当者等を訪ねること。訪問前には、該当の企業について公表された情報をインターネット等で調べ、当日に臨むことが重要である。事前に担当者にアポイントを取り、当日は、面談によって各種の説明を受けることに加えて不明な点を質問する。訪問することでしかわからない、企業の雰囲気などをつかむことができることが、企業訪問のメリットである。OB・OG訪問も同様であり、先輩から本音を聞くことで、将来の職業選択の事前準備となる。なお、インターンシップでは、学生だけではなく大学側の担当者が訪問する場合もある。具体的には、事前の依頼訪問、実習中訪問、事後のお礼訪問などである。（手嶋慎介）

企業倫理

企業の目的は契約にもとづいた利益追求であるが、企業活動上で最重要かつ守るべき基準となる考え方のこと。守るべき基準としては、法令遵守はもちろん、自然環境や社会環境、人権保護といった道徳的観点から企業活動を規定し、組織として統率する考え方、仕組み、組織づくり、運用方法を含めた考え方のことである。

企業倫理制度を社内で具体的に進めるには、倫理網領、行動指針の整備や担当役員任命や担当部署設置などの組織体制、相談窓口や内部告発制度といった制度の確立、経営層からの率先垂範、役員から現場レベルまでの全社での教育・研修、企業倫理の浸透状況の継続的な評価といった組織への浸透、さらに倫理規範違反事実の開示と厳正な対応といった施策が必要である。　　　　　　　（大島愼子）

基礎的能力

個人にとっても社会にとっても将来の予測が困難な時代において、地域社会や産業界は、今後の変化に対応するための基礎力と将来に活路を見いだす原動力として、有為な人材の育成や未来を担う学術研究の発展を切望している。

2006年に経済産業省が打ち出した「社会人基礎力」をはじめとして、中央教育審議会答申が定義する「学士力」、あるいは文部科学省が主導する「就業力育成事業」など、大学教育を通じたジェネリックスキル育成への期待が高まっている。汎用的能力と重なる部分も多いが、課題を解決するために必要な材料を自ら揃えるための探索力・行動力ととらえることができる。　　　　（宮田　篤）

規範遵守

　道徳、倫理、法律等の社会のルールを守ろうとする遵法精神にもとづき、企業等の組織が、経営理念にもとづいた企業行動に徹し、法令、社会的規範を遵守し、社会・生活者から求められる社会的責任を果たすことで、コンプライアンス行動規範とも言える。企業が表明する規範遵守は以下のものが代表的である。①誠実かつ公正な企業活動を行い、取引先との健全な関係を確保し、政治、行政との健全かつ正常な関係を保つこと、②国際社会に通用する高い倫理観を備えたよき企業市民としての使命感を持ち、内外の経済・社会の発展に貢献と地球環境との調和、環境の改善に配慮した企業活動の推進、③製品・サービスを安全性や個人情報・顧客情報の保護に配慮して開発、提供し、顧客満足と信頼と信頼性の獲得、④正確な企業情報の積極的かつ公正な開示と倫理・正義を守る。最近は反社会勢力の排除をあげる企業も多い。（大島愼子）

キャリア（Career）

　文部科学省によると、キャリアとは、「一般に個々人がたどる行路や足跡、経歴、あるいは、特別な訓練を要する職業、職業上の出世や成功、生涯の仕事等を示す用語」ととらえている。また、厚生労働省によると、キャリアとは、「一般に経歴、経験、発展さらには、関連した職務の連鎖等と表現され、時間的持続性ないし継続性を持った概念」ととらえている。
　つまり、キャリアとは、人生のなかの仕事にかかわる部分、すなわちワーキングライフ（仕事人生）ととらえることができる。換言すれば、過去から将来にわたる生活のなかで、仕事という視点から見た人生ということである。近年では、仕事と生活の調和というワーク・ライフ・バランスが注目されている。

（上岡史郎）

キャリアインターン制度

　インターンシップは、専攻やキャリアに関連した就業体験全般を指すが、その中でも特にワーク（職業）キャリア形成に重きを置いたインターンシップのあり方を指す。日本においては元々インターンシップと採用が切り離されていたこともあり、採用に直結しない短期インターンシップが中心となってきたが、欧米においては、将来のキャリアを念頭に置いた長期実践型インターンが主流である。日本におけるキャリアインターンに近いものとしては、NPO法人ETIC.による長期実践型のインターンシッププログラムやNPO法人G-netによる「ホンキ系インターンシップ」などがあげられる。（牛山佳菜代）

キャリアガイダンス

　キャリアガイダンスは、学生が「社会的・職業的自立を図るために必要な能力を培うために、教育課程の内外を通じて行われる指導または支援」（文部科学省）を意味する。生涯を通じた持続的な就業力の育成と豊かな人間形成を目的として、各大学はそれぞれの特色や学問分野に応じて体系的な取り組みを行っている。
　教育課程内で行われる取り組みとして、一般教育・専門教育内でのキャリア形成支援、幅広い職業意識の形成等を目的とする授業科目の実施、インターンシップの実施があげられる。教育課程外では、ビジネスマナーや各種資格講座の開設、適性試験の実施及び個別カウンセリング、求人情報などの情報提供などがある。

（吉原元子）

キャリア・カウンセラー

　キャリア・カウンセラーとは、就職を希望

する人に対して、さまざまな相談支援を行う専門職である。キャリア・コンサルタント、キャリア・アドバイザーとも呼ばれる。主な業務は、就職希望者が自らの適性、能力、経験などに応じて職業生活を設計して効果的に職業選択や職業能力開発を行うことができるように、相談を行うことである。

活躍の場は、企業内でのキャリア形成支援、人材紹介会社、派遣会社での転職相談やキャリア開発、大学、短大、専門学校での学生キャリア開発支援、行政機関でのハローワークに代表される雇用対策事業など、幅広い分野で必要とされている。　　　　　（大島愼子）

キャリア教育（Career Education）

中央教育審議会の答申（2011年）によると、キャリア教育とは、「一人一人の社会的・職業的自立に向け、必要な基盤となる能力や態度を育てることを通して、キャリア発達を促す教育」と定義している。つまり、キャリア教育とは、キャリアを形成していくために必要な能力や態度を育成するための教育的働きかけと言える。

また、中央教育審議会では、社会的・職業的自立に向け、必要となる基盤となる能力や態度のうち、キャリア教育が中核的に担うものとして、「基礎的・汎用的能力」を提示し、具体的な能力として「人間関係形成・社会形成能力」「自己理解・自己管理能力」「課題対応能力」「キャリアプランニング能力」をあげている。　　　　　（上岡史郎）

キャリア形成

「キャリアとは、生涯を通しての人間の生き方・表現である。」（Edgar H. Schein）という定義がある。仕事とかかわりながら人生や生き方の意味を追求し、満足や納得を獲得したり、あるいはまた道半ばで断念したり挫折もある過程がキャリア形成に重なる。キャリア形成は、成功者のキャリアだけをモデルにするものではない。

「形成」は「整った形に作り上げることや形づくること」だが、それは同一に形づくることを意味しない。自己のキャリアは自分が作り上げるものであり、自身が立てた目標や努力が土台となる。キャリアは本来、他人との比較において達成度や満足度を競うものではないと言えよう。

キャリア形成に真摯に挑戦することが肝要であり、そのためには何が必要で何ができるかなど、生涯を通して考える態度を養いたい。
　　　　　（古閑博美）

キャリア志向

「志向」とは、「心が一定の目標に向かって働くこと。こころざし向かうこと。また、こころざし」である。キャリア志向とは、自分が目指す未来の姿をある程度描き、その目的に向かって積極的に取り組む態度や意志を意味する。

キャリアの「経歴」という意味からは、①自分にとって満足のいく経歴（学歴や職歴等）を身につけることを目指す、②「専門的技能を要する職業」という意味からは芸術家や職人、免許が必要な専門職に就くことを目指す、③「国家公務員試験Ⅰ種（上級甲）合格者で、本庁に採用されている人」の意味で「キャリア組」と呼ばれることを目指すのか、などがある。キャリアは志向するにとどまるのではなく、実現を目指すことが本意である。
　　　　　（古閑博美）

キャリア指導

他人のキャリアを指導するのが「キャリア指導」である。他人の人生に関与することから、責任は重い。指導は「目的に向かって教

えみちびくこと」であり、指導する立場（教えみちびく）と指導を受ける立場（教えられみちびかれる）がある。

指導する側は、指導の対象者を理解するよう努め、本人が目指す目的を探りつつ適切にみちびくことが期待される。本人がまだ目的に気づいていなかったり模索中であったりする場合、そうした態度に寄り添い、指導することになる。

教育機関等では進路や就職指導にキャリア・コンサルタントがあたることがある。職場ではメンターと呼ばれる助言者が指導に関与することがある。　　　　　　（古閑博美）

キャリアデザイン（Career Design）

キャリアデザインとは、仕事や人生の計画立案、実行、振り返り、改善などその都度、微調整を行いつつ自分のデザインを形にしていくことである。

デザインは下絵や素描が必須である。目指す目標に合った素材や色彩、材質、機能などを調査研究し、美的造形性、予算や技術等諸要素を総合して計画しなければならない。キャリアデザインには、主体である素材（自己）を見つめなおす態度が不可欠である。これまで身につけてきたものやできること、これからしたいことやそのために必要なことは何かなど、客観的に振り返る必要がある。

キャリア選択の幅が広がった今日、キャリアデザインは独りよがりではない冷静な視点が求められる。他の意見に耳を傾ける態度は大事だが、他人の言いなりになったり依存したりすることは避けたい。事物の選択や決断は自己責任の基本である。社会的視野を広げ、安易に流行等に流されないようにしたい。

（古閑博美）

キャリアパス

キャリアパス（career path）とは、キャリアを進む道をいい、昇進やスキルアップなど、自己の仕事に対する長期的展望を描くということを言う。目指す職位・職責、職務等に到達するための経験の積み重ね方、能力を高めていく順序などを段階的に設定することにより、職員が自ら将来像を描き、段階的に目標を設定するためのツールとなるものである。従って、キャリアパスの要件として、各法人において求める人材像や教育方針が事前に明らかにされ、周知されるなど、キャリアアップを通じた自己実現が可能となる道筋が予め示されていることが必要である。

（薬師丸正二郎）

業界

同じ業種（事業）に従事している人々の集まり（企業の集まり）のこと。一般的に、業界では、「○○協会」のような組織を作り、社会への普及＆啓蒙活動や加盟企業の発展のための研修など多様な活動を行っている。協会を訪問すると、業界の統計データや過去の活動実績、現在の課題や将来の活動計画、加盟企業のリストなどさまざまな業界情報を入手することが可能である。就活の際に活用されることも多い。　　　　　（横山皓一）

業種

産業全体の業種区分については、総務省が「日本標準産業分類」を定めており、国や調査会社の調査・統計等に活用されている。また、新聞の株式欄に毎日株価の動きが掲載されているが、その配列にもこの分類が活用（証券コード協議会による証券コード）されている。一般的には、この証券コードの「中分類」が業種と呼ばれることが多いが、特段の規定が存在するわけではない。日常の会話

の中では、たとえば、大分類で製造業と言ったり、中分類で鉄鋼業と言ったりするなど、その時々の状況で多様に使用されている。

（横山皓一）

業務改善

業務の効率化のために、業務を行う手段や方法などを見直すことを指す。経費削減が注目されがちだが、業務改善の目的は業務の価値向上にあるため、その対象は、企業の全ての業務に及ぶこととなる。業務改善の対象としては、作業方法や段取りの仕方など目に見える部分、体制やルールなどの決まりごと、組織風土や意識などの考え方などとなり、目的に沿った改善を行っていくことが必要である。

（牛山佳菜代）

勤労観

働くことに対する個人の考え方や価値観、その姿勢や心構えのこと。キャリア形成の観点からもその醸成が重要になるが、若者の勤労観・職業観の未熟さ、職業人としての基礎的資質・能力の低下等が指摘されている（文部科学省、2004年）。現在、勤労観等を育む取組の1つとして職場体験（インターシップ）が注目されており、国の方針（日本経済再生本部、2015年）としてもその推進と充実が図られている。

（松坂暢浩）

グローバル化（国際化）

文部科学省によるとグローバル化とは、「情報通信技術の進展、交通手段の発達による移動の容易化、市場の国際的な開放等により、人、物材、情報の国際的移動が活性化して、さまざまな分野で「国境」の意義があいまいになるとともに、各国が相互に依存し、他国や国際社会の動向を無視できなくなっている現象」としている。さらに「国際化」はグローバル化に対応していく過程としている。教育分野では、諸外国との教育交流、外国人材の受入、グローバル化に対応できる人材の養成などの形で、国際化が進展している。また、グローバル化の中で、自分とは異なる文化や歴史に立脚する人々と共存していくためには、自らの国や地域の伝統や文化についての理解を深め、尊重する態度を身に付けることが重要としている。

（西尾典洋）

グローバル人材

文部科学省が設置した「産学連携によるグローバル人材育成推進会議」（2011年）によると、グローバル人材とは、「世界的な競争と共生が進む現代社会において、日本人としてのアイデンティティを持ちながら、広い視野に立って培われる教養と専門性、異なる言語、文化、価値を乗り越えて関係を構築するためのコミュニケーション能力と協調性、新しい価値を創造する能力、次世代までも視野に入れた社会貢献の意識などを持った人間。」と定義されている。この会議ではグローバル人材の能力水準を5つの段階に分けており、①海外旅行レベル、②日常生活会話レベル、③業務上の文書・会話レベル、④二者間折衝・交渉レベル、⑤多数者間折衝・交渉レベルとしている。この中で、①②③レベルのグローバル人材の育成は進捗しており、今後はさらに④⑤レベルの人材が継続的に育成され、一定数の「人材層」として確保されることが重要とされている。

（西尾典洋）

経営者協会

1948年に発足した「日本経営者団体連盟（日経連）」を上部団体として、労働問題を主に取り扱う経営者の団体として、各県等の地方経営者協会や業界別団体が設立された。2002年5月に日経連が経団連と統合して日

本経済団体連合会（日本経団連）が発足したことに伴い、各経営者協会は日本経団連のもとに47都道府県別の地方組織となり、多くは労働問題のみならず、地域の経済発展や企業の健全な発展、人材育成などの幅広い事業を行う団体となっている。　　　（宮本伸子）

経済団体

　経済団体とは、政界に経済政策などを提言する企業経営者の集まりを言う。国政に対する経済政策の提言を行うものから、地域経済に対する提言を行うものまで、さまざまな経済団体が存在する。国政に関する提言を行う経済団体のうち主要なものを経済三団体と呼び、日本経済団体連合会（経団連）、経済同友会（同友会）、日本商工会議所（日商）を指す。　　　　　　　　　　（薬師丸正二郎）

経済同友会

　経済同友会は、終戦直後の1946年に、日本経済の堅実な再建のため、当時の新進気鋭の中堅企業人有志83名が結集して誕生した経済団体である。

　経済同友会は、企業経営者が個人として参加し、自由社会における経済社会の牽引役であるという自覚と連帯の下に、一企業や特定業種の利害を超えた幅広い先見的な視野から、変転きわまりない国内外の経済社会の諸問題について考え、議論し政策提言を行うところが、最大の特色としている。

　また、東西冷戦構造が解消された1989年から91年にかけて、グローバル経済の到来に向けた対策として、教育界へ向けて、経済同友会は「『選択の教育』を目指して―転換期の教育改革―」（1991年）の中で、「教育界との相互交流の1つとして学生のジョブインターンへの支援」として、インターンシップの導入を提言している。　　（薬師丸正二郎）

経団連

　一般社団法人日本経済団体連合の略称である。日本経済団体連合会とは、わが国の代表的な企業1,329社、製造業やサービス業等の主要な業種別全国団体109団体、地方別経済団体47団体などから構成される経済団体である（2015年6月2日現在）。

　2002年に、経済団体連合会（経団連）と日本経営者団体連盟（日経連）が統合し、新たな経済団体として発足したものが、日本経済団体連合会である。経団連は、終戦直後の1946年に誕生した日本経済の再建・復興を目的として発足した経済団体連合会であり、日経連は、1948年に適正な労使関係の確立を目的として、先行して結成された業種別・地方別経営者団体を基盤として発足した経済団体である。

　経団連の前身である日本経営者団体連盟は、「新時代に挑戦する大学改革と企業の対応」（1995年）において、「現在の大学教育においては、実社会での経験を積み、個人の就労観・勤労観、思いやり・社会奉仕の心を学ぶ機会が少ないので、学生の企業実習・体験学習（たとえば、米国のインターンシップ制）やボランティア活動をカリキュラムの中に取り入れることを強く望みたい」という具体的な提言をしている。　　（薬師丸正二郎）

傾聴

　他者を理解し、よりよい関係を築くことを目的とするコミュニケーション技能の1つである。もともと、カウンセリングにおける概念であったが、近年では、コーチングなどさまざまな分野で用いられている。傾聴は、アクティブ・リスニングの訳語であることからも明らかなように、相手の話を受動的に受け止めるだけのものではなく、五感の全てを用いて能動的に受け止めようとする行為である。

心理学者カール・ロジャースは、そのための原則として、「無条件の肯定的関心」「共感的理解」「自己一致」をあげている。インターンシップにおいては、相手の話や質問を正しく理解し、的確な回答をするための必須の能力と言える。 　　　　　　　　（山口圭介）

契約

　約束には、口約束、書面による約束などがあるが、ビジネスの場合、将来のトラブルを防ぐために書面による約束として「契約書」を作り、相互に記名捺印をすることが一般的である。大企業では法務部が担当するが、M＆Aなどのような多額・複雑な契約の場合には、専門家（弁護士、公認会計士など）に依頼するケースもある。 　　（横山皓一）

見学・仮想体験型

　企業の本社、支社、部署、工場、施設、研究所などの一部、またはその全部を主として見学するインターンシップ。期間も1日から数日程度しかかからず、その対象は大学生よりもむしろ、小学生、中学生、高校生が多く、社会見学の意味合いが強い。しかし、近年では採用難に苦しむ中小企業がまずは当該企業を認知してもらうことを目的として、大学生・院生を対象としたバスツアーを画策する事例がある。 　　　　　　　（小林直樹）

健康診断

　各種の検査や診察で健康状態を評価することで健康の維持や疾患の予防・早期発見に役立てるものであり、職場や学校を対象とした法令により実施が義務付けられているものと、受診者の意思で任意に行われるものがある。
　事業者は、常時使用する労働者を雇い入れるときは、労働安全衛生規則第43条により、雇入時健康診断が義務付けられている。また、同規則44条により1年以内ごとに1回、定期健康診断を行わなければならない。また、学校保健安全法により、教育機関では毎年6月30日までに学生、生徒の健康診断を行わなければならない。2016年12月より、ストレスチェックが常時使用する労働者数が50人以上の事業者の義務となった（労働安全衛生法第66条の10）。 　　（大島愼子）

検定

　一般的には、免許や資格と関連した事項を指す。一定の基準にもとづいて検査し、合格・不合格、等級などを決める、検定試験の略。検定試験の結果、資格が与えられ、客観的な評価としての実力の目安を証明することができる。
　代表的な分野には、語学、コンピュータ、経理、金融、ビジネス（経営・経済を含む）、医療、福祉、環境、農業、食品、芸術がある。その他、「世界遺産検定」「日本観光コーディネーター」「ご当地検定」といった教養性や趣味性の高いものがある。
　また、統計学分野では、ある資料の標本を調査し、推定した結果が出たのち、その結果が確率的に充分正しいものかどうか判断する作業のことを指す。 　　　　（高橋　愛）

現場実践型

　企業の本社、支社、部署、工場、施設、研究所などで主として大学生・院生を対象とした参加型インターンシップの1つ。期間も数か月からと長め。欧米型のインターンシップに近く、参加する大学生は長期間、一定の時間を確保しなければならない難点もあるが、実際の仕事を通じて適正を事前に見極めることができるため、企業にとってもミスマッチを防ぎやすいインターンシップと言える。
　　　　　　　　　　　　　　（小林直樹）

公私混同

「公私」は、「おおやけとわたくし」「公務と私事」「政府と民間」「社会と個人」等を指していう言葉である。両者の混同は「公私のけじめ」をつけないことであり、注意しなければならない。職業人は責任をもって職務を遂行することが求められ、倫理観が不可欠である。

公私を混同する態度は、個人の身の上だけでなく組織的・社会的に影響を及ぼすことがある。公私混同した結果として、組織や団体の信頼を損ねたり疑義を生じさせたりすることになるので避けなければならない。

身内同士、また知人や友達だからといって、安易かつ不当に仕事上の便宜をはかったりすることなどが該当する。「公私の別」を理解することが肝要である。　　　　　（古閑博美）

高等教育機関

中等教育の次段階の教育課程をあつかう教育機関の総称。日本では、大学、大学院、短期大学、高等専門学校などを指す。高度な学術的、専門的内容が課程に組み込まれている。各機関で定められた課程を修了後、学位またはそれに準ずる学術称号が授与される。国によって教育段階の分類方法にいくらか相違があるが、国際標準教育分類では、レベル5以上の段階となる。

「高等教育」とあるため、「高等学校（高校）」と誤認されやすい。日本の場合、高等学校卒業後、高等教育機関への進学率が高いと言われている。大学に限ると、2009年4年制大学への進学率が50％を超え、「大学全入時代」と呼ばれるようになった。（高橋　愛）

コーオプ教育

コーオプ教育（Cooperative Education）は、大学での座学教育と現場での就業体験を組み合わせる教育方法である。20世紀初頭の米国において、高等教育機関が在学中に職業訓練を提供する役割を担うために開発された。

コーオプ教育はインターンシップやサービス学習などと同様に、就業経験と融合した学習を提供するが、それらと異なる特徴は、①座学教育と就業体験が交互に実施される点、②就業体験を行う学生に対して企業から報酬が支払われる点、③就業体験の受入者であり雇用者でもある企業と、大学とが密に連携してプログラムをつくり、学生の能力やスキル向上を管理している点である。

（吉原元子）

コーオププログラム

コーオププログラムは、大学での座学と、現場での就業体験が交互に行われるプログラムである。大学のカリキュラムと就業体験を理論と実践として有機的に結びつけるという目的を達成するため、コーオププログラムには以下のような基準が設定される。

①それぞれの就業環境は、コーオプ教育を行う機関によって、適切な学習環境として開発または認定されている。②コーオプ学生は単なる観察ではなく、生産的な仕事に従事している。③コーオプ学生は行った仕事に対して報酬を受け取っている。④コーオプ学生の仕事の進行状況は、コーオプ教育を行う機関によってチェックされている。⑤コーオプ学生の仕事上の業績は、学生を雇用するコーオプ雇用者によって管理され、評価される。⑥就業体験に費やされる時間は、大学での学習時間の少なくとも30％でなければならない。※カナダコーオプ教育協会（Canadian Association For Co-operative Education）による。　　　　　（吉原元子）

コーチング（Coaching）

コーチングとは、コーチとしての専門的なトレーニングを受けたコーチとクライアントと呼ばれる個人（またはチーム）が目標を設定し、成果を達成していくためのパートナーシップである。クライアントとコーチは会話を通じてコミュニケーションを交わし、コーチは聞き、観察し、質問し、時には提案することによって、クライアントの行動をより起こしやすくしていく。コーチングのプロセスでは、コーチはクライアントがより効率よく、より効果的に行動できるよう焦点を絞り、あらゆる行動の選択肢を明確にする。同時にコーチはクライアントの現在地と、向かう先の位置を意識させる。 （根木良友）

顧客

顧客とは、自組織の商品やサービスを購入したり利用してくれる人（個人・法人）すなわち、ひいきにしてくれる客、得意客を指す。すでに購入してくれている人（個人・法人）はもちろん「顧客」であるが、これに加えて、購入する可能性が有りそうな人も含めて「顧客」とすることもある。顧客というのは個人だけでなく、法人（企業や業者や行政機関）までも含まれる。 （小林直樹）

国語の4技能

「聞く・話す・読む・書く」のこと。2004年の文化審議会答申「これからの時代に求められる国語力について」によれば、「聞く・話す・読む・書く」の4つの技能は、人間関係を成立させるコミュニケーションを成立させ、各々の人間の能力を構成する重大な要素であるとされる。同答申では、「聞く・話す・読む・書く」という行為が国語力の中核を成す領域を構成する「考える力」「感じる力」「想像する力」「表す力」が具体的な言語活動として発現したものとしてとらえられており、価値観の多様化やグローバル化が進展する社会における国語力の重要性が明らかにされるとともに、成人に達した段階での「聞く力・話す力・読む力・書く力」の具体的な目標が示されている。 （山口圭介）

5W1H

いつ（When）、どこで（Where）、誰が（Who）、何を（What）、なぜ（Why）、どのように（How）という6つの要素をまとめた情報伝達のポイントである。

新聞記事の書き方として、社会の出来事を客観的に的確に伝えるための原則として用いられてきた。ビジネスの場面でも報告書やメールの作成、口頭で状況を説明するなど、人と人の意思疎通を図るために欠かせないものである。 （西尾典洋）

懇親会

「懇親」とは、他人どうしが懇（ねんご）ろに親しみ、交際をあつくすることである。「懇親会」は、参会者が、懇親を深める目的の会である。会話の内容に配慮し、親しみ深い態度で接することが肝要である。その場にふさわしくない内容の話や、他人の悪口、興味本位の噂話などは避ける。通信機器等を使用して無断で写真を撮ったり、会で得た情報を勝手に公開したりしてはいけない。こうした態度は、人が集まる所ではどこでも守りたい。 （古閑博美）

コンソーシアム（Consortium）

コンソーシアムは、個人、企業、団体、政府（あるいはこれらの任意の組合せ）が複数集まり、共同で何らかの目的に沿った活動を行う組織、または、共通の目標に向かって資源を活用する目的で結成された組織を指す。

インターンシップの場合においても、企業、学生、大学、地域社会が共同してコンソーシアムを形成し、目的を果たすことがある。この場合は、インターン生を迎え入れる企業、インターン生である学生、学生を送り出す大学、企業や大学が所属する地域社会それぞれに意義がある形で実施されることを目的とする。　　　　　　　　　　　（高橋哲夫）

サービス学習

　サービス学習（サービスラーニング）は、地域やコミュニティの問題に目を向け、解決するための活動に学生が従事するという体験学習の一形式である。コミュニティにおける学生のサービス活動と、大学教育における特定の学習目標が密接に結びつくことで、社会的ニーズを満たしながら実践的な学習を提供することができる。

　サービス学習に期待されることは、①学生の学習への動機付けを促進し、活動の省察を通じて新たな学習課題への気づきを与えること、②地域やコミュニティにある社会問題への関心を高め、市民としての意識を育てること、③問題解決活動を通じて地域やコミュニティへ貢献することである。　　（吉原元子）

差別

　特定の集団や属性に属する個人に対して特別な扱いをすることで、一般社会では、正当な理由によらず偏見や先入観にもとづいて、あるいは無関係な理由によって特定の人物や集団に対して不利益・不平等な扱いをすることを指す。その差別的行為の対象となる基準は自然的カテゴリー（身体的特徴）の場合もあれば、社会的カテゴリー（所属集団）の場合もある。

　現代においては、各国の憲法により人権の保障と法の下の平等が謳われ、また市民的及び政治的権利に関する国際規約が差別扇動の禁止を定めている。

　日本においては、日本国憲法第14条第1項において、「すべて国民は、法の下に平等であり、人種、信条、性別、社会的身分又は門地により、政治的、経済的又は社会的関係において、差別されない」と規定している。
　　　　　　　　　　　　　　　　（大島愼子）

産学連携

　産学連携とは、新技術の研究開発や、新事業の創出を図ることを目的として、大学などの教育機関・研究機関と民間企業が連携することを指す。産学連携の「産」とは、民間企業やNPO等広い意味での商業的活動をする集団を言い、研究開発を経済活動に直接結びつけていく役割を果たす。次に「学」とは、大学、高等専門学校等のアカデミックな活動集団を言い、新しい知の創造や優れた人材の養成・輩出、知的資産の継承という役割を担っている。　　　　　　　　　　　（小林直樹）

参加重視型

　企業の本社、支社、部署、工場、施設、研究所などで主として大学生・院生を対象とした参加型インターンシップ。期間も1日から数週間と幅広いため、大学3年次の夏（冬）季休暇期間に開催されることが多い。また、参加重視型インターンシップの開催は相応のコストがかかるため比較的体力のある大企業に限定されがちである。参加する大学生は実際の現場でときに社員との交流も交えながら設定されたテーマに取り組むため、社風や業務内容などを把握しやすい。また、一定の条件を満たせば学生が参加したインターンシップを単位化するなど、参加重視型インターンシップへの取組を後押しする大学も少なくない。企業側も優秀な学生を早期に見出し囲い

込むなど、いわゆる青田刈りができるほか、事前にミスマッチを防止できるメリットもある。　　　　　　　　　　　（小林直樹）

産官学

産官学とは、産業界、国や地方自治体、大学や研究機関の総称。　　　　（小林直樹）

産官学連携

産官学連携とは、産学連携に政府・地方公共団体などの「官」を加えたものを指す。この場合の「官」とは、科学技術の向上を目指した政策の構築、具体的な戦略目標にもとづく研究開発基盤形成や制度改善を行う、国や地方公共団体を言う。広義では、公設試験研究機関や研究開発型独立行政法人等の公的資金で運営される政府系試験研究機関を指す場合もあるが、多くの場合これらの機関は「学」と同様に機能するものと解釈される。
　　　　　　　　　　　　　　（小林直樹）

産業カウンセラー

産業カウンセラーは、心理学的手法を用いて働く人たちが抱える問題を自らの力で解決できるよう援助する心理職資格である。「メンタルヘルス対策への援助」「人間関係開発への援助」「キャリア開発への援助」の3つを活動領域とする。この資格は一般社団法人日本産業カウンセラー協会が認定する民間資格、及びその有資格者のことである。1992年から2001年までの間は、産業カウンセラー試験は旧労働省が認定する技能審査であったため、その期間は公的資格であったが、2001年より技能審査から除外されたため、以降は民間資格となった。「産業カウンセラー」は資格名であり、「スクールカウンセラー」や「キャリア・カウンセラー」のような職業名ではない。産業精神保健分野で活動する心理カウンセラーの総称は、「企業内カウンセラー」などの職業名で呼ばれ、精神科医などの医師や臨床心理士のような高度な心理職専門家が委嘱契約などにもとづき務めるほか、保健師が兼務することがある。
　　　　　　　　　　　　　　（大島愼子）

産業社会

産業社会とは、一般的には産業革命の後に生まれた社会を指す。ときに工業社会と等置されるが、脱工業社会（post-industrial society）をも含めて産業社会と呼ぶ場合がある。資本主義や社会主義の区別を超えて産業社会と言う用語が使われる。通例、長期の歴史変動に関して、前工業社会（牧畜・農耕社会）→工業社会→脱工業社会とする段階論的な図式が用いられることが多い。産業社会を工業社会と呼ぶ場合、製造業、ブルーカラー労働者、大量生産技術などの産業や職業構造と技術の特徴にそってその性格が特色付けられる。　　　　　　　　　　　（根木良友）

3省合議（合意）

1997年の「教育改革プログラム」（文部省）ならびに同年の「経済構造の変革と創造のための行動計画」（閣議決定）においてインターンシップの総合的な推進が謳われたことなどから、文部省（現文部科学省）、通商産業省（現経済産業省）、労働省（現厚生労働省）の3省は、「インターンシップ推進のための三省連絡会議」において、インターンシップの総合的な推進に取り組むための議論を重ね、合意に至った。同年の「インターンシップの推進に当たっての基本的考え方」は、この時の合意にもとづいて作成されたものであることから、3省の合意文書とも呼ばれている。そのため、これ以降のインターンシップに関するさまざまな施策は、3省が連携しつつ、

大学や企業などの協力を得ながら展開されている。　　　　　　　　　　（折戸晴雄）

資格

　専門資格、身分資格がある。職業・任務・地位につくための必要条件を指す。

　専門資格は、特定の機関が実施する試験や講習を受けたりした結果が、個人のもっている技術や知識の能力として証明されるもの。特定の職業に就業したり、専門能力を証明したりするために取得する。証明書が発行されるものがあり、国家資格、公的資格、民間資格に分類される。

　身分資格には、社員や会員などの身分を証明する身分資格があり、誰でも発行できる。ある組織内でのふさわしい身分や立場そのものである。

　また、試験、応募、参加など条件を示す資格条件を指したり、「免許を与えられる資格」「免許試験受験の資格」と言うように、前提条件を指す。　　　　　　　　　（高橋　愛）

事後学習

　事前学習とともに、授業（実学習）の成果を確かなものとするため、授業の後に行われる補助的な学習のことである。インターンシップの場合には、インターンシップ先での活動内容の振り返りや報告資料の作成などの学びとしてとらえることができるが、礼状の作成や事後訪問なども含める場合がある。事後指導の充実は、学習意欲の向上や授業（実学習）内容の定着とも密接にかかわるものであると同時に、次の事前学習への展開を容易なものとする。そのため、事後指導は、事前指導・授業（実学習）・事後指導という学習のプロセスを循環させ、学習の質的な向上にも密接なかかわりをもつものと言える。
　　　　　　　　　　　　　　　（山口圭介）

施策

　一般的には、予め立てられていた実行すべき計画を実施に行うことである。行政用語としては「せさく」と読まれることが多いが、正確には「しさく」と読む。日本におけるインターンシップ推進の施策は、1997年に閣議決定された「経済構造の変革と創造のための行動計画」に始まるとされている。なお、インターンシップに関する近年の施策には、2014年にインターンシップの更なる普及拡大を政府全体で進める必要性を主張した「若者雇用対策に関する提言」（自由民主党雇用問題調査会）や2015年に中長期のインターンシップ等を実施している大学等の取組の促進や有給インターンシップ、中小企業へのインターンシップの推進を謳った「日本再興戦略　改訂2015―未来への投資・生産性革命―」（閣議決定）などがある。　（折戸晴雄）

事前学習

　授業（実学習）の成果を確かなものとするため、授業の前に行われる補助的な学習のことである。インターンシップの場合には、インターンシップのねらいの理解や自己の課題発見、インターンシップ先での活動内容の調査などの学びとしてとらえることができるが、これらは、インターンシップを効果的に行うための不可欠な要因の1つとされる。インターンシップへの参加の心構えや申込み・実習時のマナーなども事前学習としてとらえることができるが、これらを「事前準備」として事前学習と区別することもある。事前学習の形態はさまざまであるが、教育実習や臨地実習など、特定の免許資格の取得に関する場合には、内容や方法が法令等で定められていることもある。　　　　　　　（山口圭介）

七五三現象

　新卒で就職した者のうち、3年以内に離職する者が中卒者で7割、高卒者で5割、大卒者で3割になること。昨今では、若者が離職した後に正規社員として雇用されることが難しくなっている。そのためフリーターとして職に就く者が増えている。中高年になってもフリーターでいる者が増えていて、50万人とも言われている。ちなみに、新卒で入社した者が離職する要因として入社後の人間関係がうまくいかないことがあげられる。一方、若者から言わせると、思っていた仕事と違うので自分には合わない、という理由をあげる者が目立つ。その裏には上司や先輩、同僚との人間関係がしっくりこないという背景があると同時に、就職活動時に業界や企業を十分に研究しないままイメージ中心で納得したつもりになって、就職した結果だとの指摘もある。

（高橋保雄）

実習

　広義には、授業などで学んだ技術や方法を実地または実物によって習うことを意味している。実習は、大学等におけるインターンシップの中心となる概念であり、2015年に一部改正された「インターンシップの推進に当たっての基本的考え方」では、大学等におけるインターンシップが「一般的には、学生が企業等において実習・研修的な就業体験をする制度」と定義されている。そのため、大学等におけるインターンシップには、各大学等が独自に実施する特定の資格取得を目的としない実習はもちろん、教育実習や臨地実習、臨床実習などの特定の資格取得を目的とする実習も含まれている。

　また、大学設置基準では、実習が講義・演習・実験・実技とともに、授業の方法の1つとして位置付けられている。

（山口圭介）

実証主義

　「実証」とは、確実な証拠や確証のことを指す。実証主義は、フランスの社会学者であるサン＝シモンによって初めて使用され、A.コントによって提唱された。社会事象を確実な証拠・確証にもとづいてのみ説明できるものとし、それ以外を否定するという考え方のこと。「実証」は現在でも多くの場面で用いられており、たとえば、「実証研究」は、実際に起きている現象や活動に対して直接的な観察や経験を用いて知識を得る方法を指す。

（牛山佳菜代）

実践重視型

　企業の本社、支社、部署、工場、施設、研究所などで主として大学生・院生を対象とした参加型インターンシップの1つ。期間も数か月から1年強と国内で実施されている数あるインターンシップの中で最も長い。特にベンチャー企業が実践重視型インターンシップを採用するケースが多く、実際に社員が取り組んでいる仕事と同等の仕事を任せるため給与も支払われる。欧米型のインターンシップに近く、参加する大学生は長期間、一定の時間を確保しなければならない難点もあるが、実際の仕事を通じて適正を事前に見極めることができるため、現時点では企業にとってもミスマッチを防ぐ最良のインターンシップと言える。

（小林直樹）

実務

　具体的な仕事。実地に行う業務。通常、中途採用・転職の場合は、応募者の実務経験と即戦力を期待される。リクナビNEXTの転職ノウハウ（情報技術系）によれば、企業が経験年数を求める場合の「経験年数」とは、ソフト系職種、ハード系職種のいずれも3年以上が80％を超えている。

一方、求人条件に満たない応募者でも採用する可能性として、リクルート社は下記の3点をあげている。①経験年数が不足⇒実績と事業貢献度をまず職務経歴書でアピール。②仕事内容が同一でない⇒貢献できる具体的な業務内容をプレゼン。③年数は満たしているが年齢が高い⇒「何ができるか」の企画持ち込み。現実の採否は不明だが、これらの対応は実務経験無しには困難であると思われる。

(宮田　篤)

実務能力

実際の仕事を行う上で必要とされる能力。文書整理、計算事務といった事務業務に関する能力を思い浮かべやすいが、ビジネスマナー、PCスキルといった汎用的スキル、該当職種・職務において必要とされるビジネススキル全般を業務遂行に支障なく行うことができる能力全般を指す。学生がインターンシップを行うメリットの1つに、その職種・職務においてどの程度の実務能力が必要とされるのか把握できることがあげられる。

(牛山佳菜代)

実力主義

企業、団体、官公庁などの組織において、年齢や職務経験年数（年功序列）、あるいは学歴などで個人を評価するのではなく、その能力や組織であげた実績・成果など、個人の実力で評価し、報酬や昇格を決めること、またはその人事・評価制度を言う。欧米などでは一般的であるが、日本でも近年、社会の構造変化やグローバル化に伴って導入が拡大されつつある。純粋に実績・結果だけに着目して個人を評価する制度を成果主義と言う。

年齢や経験年数による評価に比べ、個人の実力のレベルや成果を客観的に評価するのは困難な面が多いため、実力主義、成果主義の導入には慎重論もある一方、実力・努力・実績などを個人の評価に取り入れるべきという考えも妥当と言える。

(高橋哲夫)

社会人基礎力

「社会人基礎力」とは、経済産業省が、2006年から「職場や地域社会で多様な人々と仕事をしていくために必要な基礎的な力」として提唱する3つの能力と12の能力要素を言う。3つの能力とは、①「前に踏み出す力（アクション）」、②考え抜く力（シンキング）、③チームで働く力（チームワーク）からなり、それぞれの能力は、以下の12の能力要素に分けることができる。①主体性、働きかけ力、実行力、②課題発見力、計画力、創造力、③発信力、傾聴力、柔軟性、情況把握力、規律性、ストレスコントロール力である。

(薬師丸正二郎)

社会的自立

子供・若者が生涯にわたっての人生設計を立て、個人のもつ個性や能力を活かし、社会の一員として生きる基盤を立て、社会を構成する一員として、さまざまな役割を個人が担っていることを認識し、他者や社会とのかかわりができること。

キャリア教育や職業教育における課題の1つ。「社会的・職業的自立」という言葉で使用され、社会的自立と職業的自立とを関連付けている。多様化する社会のなかで、学校を卒業後、社会で生活する上で必要となる能力も変化している。またその能力を育成する仕組みが社会全体のなかで低下している。そのため学校教育では、社会的自立を促すための基盤となる能力や態度の育成が必要とされている。

(高橋　愛)

若年者就職基礎能力

若年者就職基礎能力とは、厚生労働省により、2004年度から実施されているYES-プログラム（若年者就職基礎能力支援事業）において、企業が若年者に対して求める「就職基礎能力」を言う。若年者の「コミュニケーション能力」などの基礎能力の低下が指摘されるなかで、若年者が企業において職業能力を発揮する前提となる就職基礎能力の習得を支援し、その能力の底上げを図るとともに、就職や採用場面において若年者と企業との間で就職基礎能力に関する共通の物差しが広く使われるような社会基盤の形成を図ることを目的として、規定されたものである。「就職基礎能力」は、①コミュニケーション能力、②職業人意識、③ビジネスマナー、④基礎学力、⑤資格取得の5つの領域に分類され、それぞれの内容は以下の通りである。①意思疎通、協調性、自己表現力、②責任感・主体性、向上心探究心（課題発見力）、職業意識・勤労観、③基本的なマナー、④読み書き、計算・数学的思考、社会人常識、⑤資格取得である。

（薬師丸正二郎）

社訓

会社で守るべき教え（訓は教えの意）、会社の教訓。社訓とは、会社の従業員の全てが順守すべき行動規範を示したもの。社是や社訓には、伝統的な家憲・家訓といったものの影響もみられるが、企業文化や社風の形成、維持、変革に大きな力を及ぼす。（高橋保雄）

社是

会社が是（正しい）とするもの。社是とは、会社が追求すべき理念、会社の社会的存在理由あるいは会社の基本方針を示したもの。

（高橋保雄）

社則

法律上での規定はなく、作成する必要もなければ、何が社則なのかも明確な定義もないが、規模の大きな企業によっては、社則が就業規則と共に規定されていることがある。社則には、ロゴマークやその使用方法、社章の取り扱い方などの記載がある。　（高橋保雄）

就業規則

常時10人以上の社員（正社員、パートを問わない）を使用する企業（使用者）は、社員が就業上遵守すべき規律や労働条件について定めた就業規則を所轄労働基準監督署長に届け出ることが労働基準法で定められている。そして、新しく規則を制定する場合、また変更する場合も、社員の過半数で組織する労働組合がある場合は労働組合、ない場合は社員の過半数を代表する者の意見を添付しなければならない。常時10人以上使用している工場や支店、営業所などがある場合は、職場単位で届出が必要になる。規則の内容は、①必ず定めなければならない事項（始業及び終業の時刻、休憩時間、休日、休暇、就業時転換など。また賃金の決定や計算、支払方法、賃金の締切り及び支払時期、昇給に関する事項、退職（解雇）に関する事項）、②制度を設けている場合には記載しなければならない事項（退職手当に関する事項、臨時の賃金及び最低賃金額に関する事項、食費や作業用品その他労働者の負担に関する事項）、③記載してもしなくてもよい任意の事項があるが、労働基準法で定める水準以下の規則は無効となる。就業規則は最も大切で基本となる規則なので、職場に配属されたら必ず確認し、内容を理解することが大切である。　　　（横山皓一）

就業体験

企業や団体等の職場で、実際の知識や技

術・技能に触れることによって、職業や仕事を体験したり、そこで働く人々と接したりすることである。インターンシップの訳語として用いられることも少なくないが、「職業についていること」（就業）を「実際に経験すること」（体験）を就業体験として理解するのであれば、就業体験は、インターンシップよりも広い意味をもつものとしてとらえることができる。この場合、小・中学校における「職場体験」や「職業体験」、さらには、アルバイトなども、就業体験の1つとして位置付けることができる。したがって、就業体験は、必ずしも「自らの専攻、将来のキャリアに関連」した内容に限られたものではなく、「職場体験」や「職業体験」においては、勤労観や職業観を育むことが目指される。

（折戸晴雄）

就職協定

　大学等などの新卒者採用開始時期など、学生の就職に関する学校・企業間の取り決めのこと。

　1953年に、大学・業界団体、関係官庁による就職問題懇談会が、採用の早期是正と学業へ配慮から推薦開始時期を定めた紳士協定としてスタートしたのが始まる。しかし、ルールが守られず1996年に廃止される。現在は、経団連自ら定める「新規学卒者の採用選考に関する企業の倫理憲章」に対し、就職問題懇談会の「申合わせ」をもって相互遵守の形式で運用されてきている。しかし経団連加盟以外の企業や外資系企業などにおける採用の早期化が続いており、順守されていない状況である。

（松坂暢浩）

就職氷河期

　就職が困難な時期を、地球の気候が寒冷化する氷河期に例えた造語である。1994年には「就職氷河期」が新語・流行語大賞を受賞しており、1991年のバブル崩壊の数年後から就職氷河期がはじまったと言える。2000年には「大卒求人倍率調査」（リクルートワークス）が過去最低の0.99倍となった。就職希望者数が増加する一方で新規大卒者への求人数が減少し、フリーターや非正規労働者になる若年者が増加した。就職難であるかどうかは採用とのバランスの如何によって決まるため、就職が容易な時期は温暖期とも言える。ただし、単純な景気悪化による就職難ではなく、大学進学率の上昇が企業と新卒者とのマッチングを悪化させているなど、一時的ではない構造的な問題とも言われる。

（手嶋慎介）

就職率

　就職希望者に占める就職者の割合のこと。大学等卒業者の「就職率」において、国や民間事業者や大学等の定義や算出方法が不統一であることから、文部科学省（2013）は、取り扱いにあたり「大学・短期大学・高等専門学校及び専修学校卒業予定者の就職（内定）状況調査」の算出方法によるものを「就職率」と称するとしている。また「就職者」は、正規の職員と1年以上の非正規の職員として就職した者も含む形で最終的に就職した者とし、「就職希望者」は、卒業年度中に就職活動を行い、大学等卒業後速やかに就職することを希望する者で、「進学」「自営業」「家事手伝い」「留年」「資格取得」などを希望する者は含まないとしている。

（松坂暢浩）

守秘義務

　業務上知り得た内容を外部に漏らさない法律上の義務のことで、公務員、弁護士、医師、看護師、宗教者等、その職務の特性上秘密の保持が求められる職業については、法律によ

り定められている。例としては、刑法134条では第一項で、医師、弁護士、公証人等が正当な理由なく秘密を洩らした場合の刑罰、第二項では、宗教、祭儀の職にあるものへの罰則が規定されている。また、国家公務員法第100条、地方公務員法第34条等に「職員は職務上知り得た秘密を漏らしてはならない」とあり、退職後も同様であり違反者は最高で懲役1年または50万円以下の罰金に処せられるとあり、国立大学法人法、弁護士法、郵便法、電気通信事業法、技術士法、自衛隊法、保健師助産師看護師法等も規定している。

また、法律上の守秘義務とは別に、業務提携や仲裁合意等、企業秘密を共有または提出する必要がある場合には、秘密保持契約（NDA Non Disclosure Agreement）が締結される場合があり、近年では強い強制力があり契約違反には刑事罰が処せられる可能性がある。　　　　　　　　　　（大島慎子）

小規模事業主

事業主とは事業経営の主体のこと。中小企業基本法では、中小企業者のうち従業員の数が20人以下（商業又はサービス業を営む者については5人以下）の事業者を小規模企業者としている。一方、商工会及び商工会議所による小規模事業者の支援に関する法律では同じ小規模の商工業者を小規模事業者としている。企業全体に占める小規模企業者の割合は85.1％である。（2014年7月時点）

（川辺憲一）

商工会、商工会議所

いずれも地区の商工業等の事業者が会員となって組織され、その地区内の商工業の発展や地域振興、福祉増進等を目指し、会員事業者の支援や行政への施策提言等を行う団体である。

商工会は、商工会法にもとづき、経済産業省の中小企業庁が所管し、従来は町村が地区の単位となっていたが、その後の行政の変革により、市に置かれている場合もある。地区内の商工業者の2分の1以上が会員となることが設立要件であり、会員全体の総会が意思決定機関であり、小規模事業者が多く、経営改善等が中心である。全国組織は全国商工会連合会。

商工会議所は、商工会議所法にもとづき、経済産業省の経済産業政策局が所管し、原則として市の区域に置かれる。地域の従業員20人以上又は資本金300万円以上の商工業者の過半数の同意が設立要件であり、議員総会が意思決定機関であり、大企業から中小企業までを抱え、国際的活動を含めた幅広い事業を行う。全国組織は、日本商工会議所。

（宮本伸子）

少子高齢化

出生数が減少する少子化と、年齢別人口構成において高齢者の割合が高い高齢化が同時に進行している状況を言う。日本の人口ピラミッド（男女別に年齢ごとの人口を表したグラフ）を見ると、若年層が少なく高齢者が多い不安定な形状になっており、日本が直面する大きな課題の1つとされる。内閣府によれば、2060年には2.5人に1人が65歳以上、4人に1人が75歳以上になると予想されている。労働力人口（15歳以上人口のうち、就業者と完全失業者を合わせた人口）の減少、働き手が少ないことによる税収減によって、年金・医療・福祉など財政面でのさまざまな問題が生じる。少子高齢化を伴う人口減少社会では、居住者が減る地域が増えるなどの地方消滅の危機も叫ばれている。　（手嶋慎介）

情報開示

　一般的には、ものや事柄の内容や性質などの重要性の高い情報を定められた形式により特定の人に、明確に提示すること。情報の適切な開示を促し犯罪などを未然に防ぐ目的で、法律等により義務付けられている場合（情報開示義務）がある。行政機関が、業務上の情報を一般に開示する場合は、「情報公開」と言う。国民の知る権利にもとづき、情報の開示を請求することが誰にでもできる。

　情報を開示することで、行政や企業など組織の諸活動を、国民や利用者など該当組織に属する者への説明義務が全うされる。しかし、特定の個人を識別できる個人情報や公共の安全、秩序維持に支障を及ぼす情報など、一部は不開示情報として開示できないものがある。

（高橋　愛）

職位

　課長職、部長職など、その企業（組織）の中での制度的な階級（資格）呼称のことである。総務課長、営業課長など特定のポストを指す役職と混同しないようにしたい。たとえば、人事制度で7等級は課長職と規定されている場合、7等級にランクされている社員は全員課長職の処遇を受けるが（新たに7等級になることを昇格と言う）、ポストには限りがあるため、最適者として指名された人が営業課長、総務課長などのポストに就くことになる（役職に就くことを昇進と言う）。職位と役職はこのように人事制度上は区別して使われる。

（横山皓一）

職業観

　職業に対する個人の考え方や価値観、その姿勢や心構えのこと。このなかには就きたい（就いている）職業の仕事内容や役割に対する知識や理解、職業生活を通して能力・個性の発揮したいか等の考え方も含まれる。新規学卒就職者の早期離職問題や急速な技術革新などによる職業の専門的な知識・技能が高度化・多様化が問題となるなか、早期からの職業理解の機会や仕事をしながらも学び続ける生涯学習の観点からも、継続的に職業観を育むことが必要と言える（文部科学省「平成23年度の学生の就職・採用活動について」、2010年）。

（松坂暢浩）

職業教育

　職業教育は、職業によって行われるもの、すなわち具体の職業を題材として行われるものであり、生徒・学生の職業観を育み、職業的自立を促す上で極めて有効である。実験・実習等による体験的・実践的な学習を重視するものであり、学習意欲の喚起や、課題解決能力の育成等にも資するものであることから、単なる専門的な知識・技能の教授に終始しないよう、社会的・職業的自立を促すというキャリア教育の視点に立って行われるべきものである。そのため、地域の産業界や関係機関等との密接な連携の下に、たとえば、インターンシップの実施や、カリキュラム編成の際の連携、教員研修の受入、地域コンソーシアムの形成など、さまざまな面での連携・協力が求められる。

（宮田　篤）

職業紹介所

　労働市場には求人者、求職者が相互に正確な情報を得にくいという特質があるため両者を結びつける仲介者が発生するが、仲介事業には賃金のピンハネなどの弊害もあり、多くの国が原則として営利職業紹介を制限・禁止し、公共機関が無料で職業紹介を行うようになった。わが国では1947年に職業安定法が制定され、政府が求人及び求職の申し込みを受け、求人者との間における雇用関係を斡旋

する無料の職業紹介を行うこととされ、実施機関として厚生労働省設置法により公共職業安定所（通称ハローワーク）が設置されている。なお、ハローワークによる職業紹介事業の他にも、厚生労働大臣への届出あるいは許可による無料・有料の職業紹介事業がある。

（川辺憲一）

職業選択

職業選択とは、数多ある職業の中から自身の意志によって特定の職業を選択することを指す。一般に、就職・転職時に使われ、職業選択の自由は1人ひとりに与えられた権利である。職業を選択すると言うことは、自分の生活環境や生き方を選択すると言うことでもあるので、適職にめぐり会うためにも事前に自己分析を徹底しておくことが望ましい。

（小林直樹）

職業的自立

子供・若者が生涯にわたっての人生設計を立て、自己の適正を把握し、自ら勤労観・職業観が形成・確立できること。社会を構成する一員として、さまざまな役割を個人が担っていることを認識し、働けること。

キャリア教育や職業教育における課題の1つ。「社会的・職業的自立」と使用され、社会的自立と職業的自立とを関連付けている。多様化する社会のなかで、学校を卒業後、社会に出て仕事をする上で必要となる能力も変化している。またその能力を育成する仕組みが社会全体のなかで低下している。そのため学校教育では、それぞれの学校種と子供・若者の発達段階に応じた職業的自立を促すための基盤となる能力や態度の育成が必要とされている。

（高橋　愛）

職種

企業の中には営業や経理、人事、開発、製造、一般事務などさまざまな業務（仕事）があるが、その業務の内容のことを職種と言う。これまで大卒の場合は、数年の間に多くの職種の経験をさせながら、会社の適性判断や本人の希望、大学での修学分野などを基に、営業や経理、開発など特定の職種に配置する企業が多かったが、最近は特定の業種に直接配置する企業も増加している。

（横山皓一）

人権

全ての人間が生まれながらに有する人間らしく生きるために不可欠な権利のことである。そのため、人権は、人間の内面性にかかわる道徳や倫理上の概念としてではなく、外部的行為を対象とし、強制を伴う法律上の概念である。しかしながら、それは、単に特定の権利を意味するものではない。政治、経済、社会、文化など、人権の内容は、さまざまな分野にわたる。それゆえに、人権は、個別の権利の集合体としてとらえられなければならない。

たとえば、日本国憲法では、「基本的人権の尊重」が三大原則の1つとされ、自由権、社会権、平等権、参政権などへと人権が具体化されている。近年は、企業の人権に関する取り組みも重視されており、事業活動のプロセスの中に人権への配慮を組み込むことの重要性が指摘されている。

（山口圭介）

人権感覚

人権に対する感じ方のことであり、意識として人権を理解することではなく、感覚として人権を理解することである。2008年の「人権教育の指導方法等の在り方について」（第三次とりまとめ）では、これを「人権の価値やその重要性にかんがみ、人権が擁護され、

実現されている状態を感知して、これを望ましいものと感じ、反対に、これが侵害されている状態を感知して、それを許せないとするような、価値志向的な感覚」と定義している。この取りまとめでは、人権感覚は、（人権に関する）知的理解と結び付くことによって、「自分の人権を守り、他者の人権を守ろうとする意識・意欲・態度」を生み出すものであり、「自分の人権とともに他者の人権を守るような実践行動」の不可欠な前提として位置付けられている。　　　　　　（山口圭介）

人材教育

人材教育と言う語感は、かつて、新卒一括採用で社員が定年まで働いてくれた時代の新人社員教育とは異なる。厚生労働省「能力開発基本調査」により、企業の考える能力開発の責任主体を見ると、正規雇用労働者について企業主体（「企業主体で決定」又は「企業主体で決定に近い」）とする企業は近年では7割を超える水準で推移しており、2013年度は75.5％となっている。

厚労省の「人材育成の現状と課題」によれば、管理職層の計画的な育成が課題であり、また、内部育成重視型の企業の方が、人材育成に取り組んでいる企業の割合が高い。OJTのような方法論だけでなく、理念としての人材教育が求められている。　　　（宮田　篤）

シンドローム（Syndrome）

ある病的状態の場合に同時に起きる一群の症状を言う。これらの症状は、いずれも必ず起きるとはかぎらないが、同一の根本原因から発するものとして1つの方向を示し、まとまった病状や疾病の本質に近づくための出発点となる。先天性のものや精神性のもの、化学物質、日常習慣による影響など発病原因は単独ないし複数でいずれも多岐に渡る。近年では特定の社会現象によって病的傾向を見せる人々の動向を指す接尾語に用いられることもあり、医学的根拠の無いものや公称性が低いものが増加している。　　（小林直樹）

シンポジウム（Symposium）

1つの問題について何人の講演者が異なる面から意見を述べ合い、質疑応答をくりかえす形の討論会。インターンシップにおけるシンポジウムの場合は、形態や評価方法などをテーマに専門家がパネリストとなり討論や質疑応答を行う。ここで結論を出すよりもさまざまな考え方、取組事例やノウハウなどを学ぶ場という要素が強い。　　　（松坂暢浩）

スタディキャリア（Study Career）

キャリアには、スタディキャリア、ワークキャリア、ライフキャリアの3つがあり、スタディキャリアは、学修面でのキャリアを指すという考え方。古閑（2008年）による造語。大学・短期大学における学びは、その後の人生において大きな意味をもつ。専門的教養を身に付けることに加えて、卒業後のキャリアを見据えた資格取得やインターンシップへの参加など、学生のうちに主体的かつ積極的にさまざまなことに取り組み、スタディキャリアの形成及び充実を図ることが重要である。
　　　　　　　　　　　　　（牛山佳菜代）

ストレス

カナダの生理・病理学者セリエが「生体外から加えられた各種の刺激や圧力によって、体内に生じた障害と防衛の総和」と定義した。つまり、「ストレス」とは、暑い・寒いという環境条件や、会社・学校・近所づきあいなどの人間関係で起こる出来事や状態のことを指す。社会生活を営む上で必ず感じる刺激である。

私たちにとってストレスには、よいストレスと悪いストレスがある。「よいストレス」とは、夢、目標、スポーツ、よい人間関係など、向上心を奮い立たせてくれたり、励みとなったり、人生の上で、成長の原動力となるような適度な刺激である。「悪いストレス」とは、負担のかかる人間関係や過労、不安など、こころや身体が苦しくなったり、嫌な気分になったり、やる気をなくしてしまうような、自分には受け入れられないほど過度な刺激のことである。

しかしながら、ストレスとは、日常生活のさまざまな環境や人間関係の中で「感じる」ものである。この「感じる」ものには、人によってそれぞれまったく感じ方が違って、ある人が「好き」と感じていても別の人は「嫌い」と感じたりする。それと同じように、ストレスも人それぞれの感じ方によって左右される。

ストレスの原因となる要素を「ストレッサー」と言うが、これは気温・騒音・匂いなど物理化学的なもの、言葉の解釈、理解の仕方、態度、振る舞いかたなどコミュニケーションにかかわるもの、飢餓・感染・過労・睡眠不足など生理学的なもの、精神緊張・不安・恐怖・興奮など社会的なものなどさまざまである。

（高橋保雄）

ストローク（Stroke）

自分から相手に働きかける、あるいは相手から自分に働きかけられる、言葉や身振りなどあらゆる種類のふれあいを指す。

内容的な種類には、ポジティブストローク（賞賛、感謝、思いやり、関心など）、ネガティブストローク（非難、敵意、あざけり、不信など）、そして、ゼロストローク（何もしない）がある。また、形態的には、身体的ストローク（抱擁、キス、たたく、つねるなど）と、精神的ストローク（励まし、喜びの表情、批判、冷笑など）がある。更に、特別な場合や成果に対応して出される、意外性を伴わない条件付きストロークと、意外性があり即興的でより楽しく強く暖かい無条件ストロークがある。

人は無条件の肯定的ストロークを受けることで重要感を感じる。また、否定的ストロークよりゼロストローク（無関心）のほうが人に悪い影響を与えると言われる。人の成長・育成には適切なタイミングで出される肯定的ストロークが重要である。

（高橋哲夫）

成果主義

業務の達成度や成果にもとづいて給与や昇進などを決めるという考え方。日本では、勤続年数や年齢を基準とした年功序列の考え方が主流であったが、1990年代初頭からバブル崩壊や企業のリストラの中で多くの企業で取り入れられるようになった。成果主義の本来の目的は、企業理念や会社の長期ビジョンに合った成果志向の仕事環境を構築することである。成果主義を単なる給与対策ととらえてしまうと、労働者のモチベーション向上につながらないばかりか、成果のとらえ方の相違や中長期的な人材育成が難しくなるなどさまざまな問題が生じる可能性がある。

（牛山佳菜代）

成果物

さまざまなプロジェクト（ソフトウェアやシステム開発からハードウェアやインフラの設計・構築等を含む）の全体または一部の工程が完了したときに成果として完成したもの（納品物、設計書、文書等）を指す。英語のアウトプットがこれにあたると考えられ、人や組織が行った業務や活動の成果として完成したものであり、形態は書類やものの他、契約

の成立なども含むとされる。

　また、個人やチームの能力を「成果物＝アウトプット」の質、量、また完成までの時間などで判断することができるため、実績を重んじる評価方法においては、「成果物」のできばえが重視されることが多い。（宮本伸子）

製品（商品）開発

　製品（商品）開発とは、製品や商品を開発する業務を指す。特に新規であることを強調する時には「新商品開発」という言葉が使われることもあり、製品（商品）開発のアイディア作成段階からキャッチコピーを作り、そのコピーの魅力度を調査しつつ製品（商品）開発の方向を必要に応じて軌道修正する方法なども提案されている。なお、製品（商品）開発は以下の8つの意思決定プロセスをたどるとされることもある。①アイディア創出、②アイディアスクリーニング、③コンセプト開発とコンセプトテスト、④マーケティング戦略の立案、⑤事業分析、⑥製品開発、⑦市場テスト、⑧商品化。　　　（小林直樹）

誓約書

　学生がインターンシップ受入企業に提出する書類。主な内容として、派遣先企業の規則に従うこと、顧客情報や企業情報などの守秘義務を負うこと、企業に故意に損害を与えないこと、などが記載される。　（吉田雅也）

セクシュアルハラスメント

　相手方の意に反する態様で性的言動を行うこと。略称セクハラ。職務上または研究・教育上の地位を濫用したり、利益、不利益を条件にして性的嫌がらせをしたりする対価型と、職務や修学の遂行を妨げるなどの就労・修学上の環境を悪化させる環境型がある。男女雇用機会均等法11条1項では「職場において行われる性的な言動に対するその雇用する労働者の対応により当該労働者がその労働条件につき不利益を受け、又は当該性的な言動により当該労働者の就業環境が害されること」と定義し、事業主は適切に対応するために雇用管理上の必要な措置を講じなければならないとしている。　　　　　　　　（田村明子）

セミナー、ゼミナール（Seminar）

　セミナーは、英語。ゼミナールは、ドイツ語。

　日本では、どちらも使用され、大学の教育方法の1つである。大学教員の指導のもとに、少数の学生が特定のテーマについて研究し、報告したり討論したりする授業を指す。教員の講義を聞く形式に対して、演習形式をとり、専門的内容を学習者が主体的に学ぶことをねらいとしている。省略してゼミとも言い、そのクラスそのものを指す場合もある。

　また、学校に限らず、一般社会において、特定の専門分野について少人数が集まって行われる講演会や討論会などをしめす。社会人が自主的に参加し、自己啓発の場となっているが、会社の一員として参加する場合もある。
　　　　　　　　　　　　　　（高橋　愛）

セミナー型

　企業の本社、支社、部署、工場、施設、研究所などで主として大学生・院生を対象としたセミナー型インターンシップ。期間も半日から2週間程度と、企業側も採用活動の一環として開催している。学生は申し込めば参加できるケースが多く、事前に用意されたプログラムに取り組むため、当該企業の概要は理解しやすい。一方、実践型インターンシップと異なり、実際の仕事に取り組むわけではないため仕事への適正を事前に見極めるのは難しく、セミナー型インターンシップはミスマ

ッチを防止する役割としては乏しい。

(小林直樹)

専門教育

日本における専門教育は、従来は一般教育・教養教育と差別化された特定の分野・内容に関する専門的な教育を指していた。だが、1991年の大学設置基準等の大綱化を契機に、一般教育と専門教育の区分、一般教育内の科目区分は廃止され、中教審の答申では学士課程教育のあり方の要件を「学びの幅広さや深さ」であるとし、「一般教育や共通教育、専門教育といった科目区分の如何によらず」「それらを統合する理念として」「追求されるべきもの」と記されている。すなわち、一般教育・教養教育の対概念ではなくなったのである。

(宮田 篤)

専門実習（法令外のもの）

企業等において実施される一般的なインターンシップに対して、高度な専門的知識・技能の習得を目指して行われる実習を区別して用いるための用語である「専門実習」のうち、法令外のものは、それぞれ、専門的な職業人の養成を目指した大学独自の取り組みであると言える。たとえば、理工系学部の学生や大学院生のための実習や法令上の定めのない司書資格の取得を目指す学生のための図書館実習などがある。これらの実習の時間又は単位は大学が教育課程上独自に定めたものであるが、大学における質保証の観点などから、必修科目や選択必修科目とされていることも少なくない。

(山口圭介)

専門実習（法令にもとづき規定されたもの）

企業等において実施される一般的なインターンシップに対して、高度な専門的知識・技能の習得を目指して行われる実習を区別して用いるための用語である「専門実習」のうち、法令にもとづき規定されたものは、主として、さまざまな免許・資格の取得に関係するものと言える。主なものとして、司法修習生のための実務実習、看護師を志す学生のための臨地実習、教員を志す学生のための教育実習などがある。これらの実習は、それぞれ、時間又は単位が定められており、必修科目とされることがほとんどである。

(山口圭介)

専門職

独立して、あるいは企業、団体、官公庁などの組織において、専門性をもっている仕事に従事する人またはその職を指す。医師、弁護士、公認会計士、社会保険労務士など、医療、法律、会計、社会などにかかわる国家資格を必要とする仕事や、IT、農林水産、機械・電気などの特殊技能を必要とする仕事などに従事する職である。

専門職は管理職や一般職でもあったり、また、独立して専門職のなかで独自の昇進ルートが設けられていることもある。

(高橋哲夫)

早期離職者

正確には「早期優遇退職者」と表現する。「早期優遇退職制度」を利用して定年前に企業を退職したものを指す。「早期優遇退職制度」の形態は2つに大別できる。常時慣習的に行われるものと使用者（企業）の業績の悪化に伴い臨時に行なわれるものの2種類である。

一般的に「早期優遇退職者」とは常時慣習的に行われるものを指すことが多い。これは一定の年齢以上の社員全員を対象に行う。また、業績の悪化に伴い臨時に行なわれるものについては、「希望退職の募集」として行われる。なお、業績に関係なく社員の世代間のバランスを保つためや定年前に転職あるいは

独立を考える社員への支援目的で、随時実施する「選択定年制」という形態もある。

(高橋保雄)

大学進学率

高等学校卒業（もしくは同等の課程を修了）後、大学へ進学した者の割合。文部科学省の「学校基本調査」によると、2009年以降は大学進学率が50％を超えており、高校生の2人に1人は大学に進学している。背景として、大学数の増加や入試の多様化による大学のユニバーサル化などが上昇につながっている理由と言われている。　　(松坂暢浩)

大企業

「大会社」は、会社法で「資本金5億円以上または負債総額200億円以上の株式会社」とされている。一方、「大企業」は法律では規定されていないが、そのほとんどが株式会社である。また、全国に事業展開するなど、一般的に名の知れた有名企業の多くが大企業である。中小企業基本法で規定された「中小企業」には該当しない、諸要件（資本金、売上高、従業員数など）がそれぞれ一定以上の規模をもつ大組織のことを大企業ということができる。したがって、中小企業と比較して働く場としての条件（給与や福利厚生など）が概して良いものの、莫大な負債を抱えて倒産する事例も少なくない。　　(手嶋慎介)

単位

単位とは学習時間を表したものであり、授業科目を単位と呼ばれる学習時間数に区分して修得し、卒業を判定する方式を単位制と呼ぶ。大学設置基準では、「教育上有益と認めるときは、学生が大学の定めるところにより他の大学又は短期大学において履修した授業科目について修得した単位を、六十単位を超えない範囲で当該大学における授業科目の履修により修得したものとみなすことができる」としている。

大学設置基準には、「一単位の授業科目を四十五時間の学修を必要とする内容をもつて構成することを標準」とする記述があるが、1単位＝45時間という発想は、1週間分の労働時間に由来するとされる。　　(宮田　篤)

中小企業

大企業との対比でとらえられるさまざまな中小規模の企業の総称。国民経済のあらゆる領域にわたり広く存在しわが国経済の基盤を形成している。小回りが利き機動性や柔軟性に富むといった利点がある反面参入障壁が低く競争にさらされやすい、経営基盤が弱く資金調達が難しいなどの不利な点を抱えている。中小企業基本法では、中小企業が日本経済の活力維持と強化に重要な役割を有していることから、多様で活力ある成長発展を図るため中小企業に関する施策を総合的に実施することとし、「製造業、建設業、運輸業、その他の業種」では資本金3億円以下又は従業員300人以下、「卸売業」では資本金1億円以下又は従業員100人以下、「サービス業」では資本金5,000万円以下又は従業員100人以下、「小売業」では資本金5,000万円以下又は従業員50人以下の事業者を施策の対象とする中小企業者としている。企業全体に占める中小企業者の割合は99.7％である（2014年7月時点）。　　(川辺憲一)

中小企業家同友会

中小企業家が自主的に参加する任意団体。「よい会社を造る」「すぐれた経営者を目指す」「よりよい経営環境を造る」という3つの目的を実践する。さまざまな業種の経営者との交流を通じ経営者としての学びと成長の

場になるとともに、中小企業をとりまく社会・経済・政治的環境の改善に取り組む場になっている。活動は自主・民主・連帯の精神を基本とし、国民や地域とともに歩む中小企業を目指す。1957年4月に東京で「日本中小企業家同友会」（現東京中小企業家同友会）が創立され、その後大阪、愛知、福岡、神奈川へと活動の輪が広がり、現在では全国47都道府県で設立され約45,000社の中小企業経営者が会員となっている。　（川辺憲一）

長期インターンシップ

インターンシップにおける長期と短期という期間の定義に厳密なものはないが、日本においては実施期間の半数以上を占める2週間未満を短期、2週間以上を長期という区分けもできる。一方で、海外の特に観光ホスピタリティ専攻の学部では、数か月から長いもので1年間に亘るインターンシップがあり、また多くがそれを卒業要件として必修化している。国内外の比較においては、日本における数日から数週間のインターンシップは、その内容や効果の観点から単なるwork experienceに過ぎないという見解もある。補足として、日本では大学よりも専修学校の方が専攻によっては長期インターンシップ（2年間で数か月程度）の導入に関しては一日の長がある。　（根木良友）

著作権

著作権法の保護対象である著作物に関する財産的権利のこと。著作権は、文化発展のため、著作物を保護することを目的とし、産業財産権とともに知的財産権と呼ばれる権利の1つ。文芸・学術・美術・音楽の範囲に属する著作物をその著作者が独占的に支配して利益を受ける権利。著作者が創作した時点で、登録の手続きなく自動的に著作権を取得する。権利には、著作物の複製・上演・演奏・放送・後述・上映・翻訳などの権利が含まれる。原則として、創作時から著作者の生存中及び死後50年間存続する。著作者が法人である場合、公表後50年が存続期間である。ただし、映画の著作物の存続期間は、70年である。
（高橋　愛）

トロウ・モデル（Trow Model）

M・トロウによって1973年に提唱された、高等教育の発展段階を示す仮説モデル。大学進学率の増加とともに高等教育の性格も変化するという考え方。トロウは、高等教育が発達した国々においては、大学進学率が同年齢層の15％を超えるとエリートからマス段階に移行し、さらに50％を超えるとだれにでも開かれたユニバーサル段階に移行すると述べた。ユニバーサル段階においては、進学が義務化し、教員・学生の関係が変化するなどが生じるため、新しい形態の高等教育を創造する必要が生じる。日本においては、大学・短大の進学率（現役）は54.6％に達しており（文部科学省「平成27年度学校基本調査」）、このモデルに沿えば、すでにユニバーサル段階に達していると言える。トロウ・モデルは、当時のアメリカの状況に合わせて一律的に発展段階を示しているという点で、批判も多いが、高等教育のあり方を考えるにおいて示唆に富むところは今なお多い。　（牛山佳菜代）

内定、内々定

「内定」とは、企業等が採用予定者に提示する採用決定通知。法的には「始期付・解約権留保付労働契約」と解釈されるもので、労働契約としての効力をもつ。なお、就職を希望する新規学卒者などに対して企業が提示する非公式の採用予定通知で、経団連の倫理憲章で定められた内定通知日（解禁日）以前に

通知されるものを「内々定」と言う。

(吉田雅也)

ニート

学校に行っていない、仕事もしていない、職業訓練を受けているわけでもない若者（Not in Education、Employment or Training）を、その頭文字をとって NEET という。1990 年代末にイギリス政府の調査報告書で使用され日本でも広まった。わが国ではニートに近い概念として「若年無業者」と言う用語があり「15～34 歳の非労働力（仕事をしていないし、また失業者として求職活動をしていない）のうち、家事も通学もしていない者」と定義している（内閣府「子供・若者白書」ほか）。1990 年代末から 2000 年代はじめにかけて、日本経済の景気後退により若年者雇用情勢が悪化するにともなって就職も進学もしない若者が急増した。そこで若年者の就業問題への関心が高まり、ニートやフリーターの実態や社会への影響などについて調査、研究が進み、政策対応がなされるようになった。

(田村明子)

日系企業

主に、海外に進出している日本の企業（海外現地法人）を日系企業という。海外現地法人とは、海外子会社（日本側出資比率が 10%以上の外国法人）と海外孫会社（日本側出資比率が 50%超の海外子会社が、50%超の出資を行っている外国法人）を総称して言われる（経済産業省「海外事業活動基本調査」）。『海外進出企業総覧　国別編』（東洋経済新報社）では、日本企業出資比率合計 10%以上の日系現地法人が対象とされており、資料によって調査対象の範囲が異なり明確な定義があるわけではない。在外日系企業とも言うように、日本国内にある企業のうち、外資系企業ではない企業を日系企業と言うこともある。

(手嶋慎介)

日報

報告書の一形態で、個人に対して報告を求めるものと、組織単位で求めるものがある。一般的には、職場外の業務が中心となる営業部門は、1 日の活動結果を所定の様式で日々報告（日報という）することが義務付けられている企業が多い。これに対して事務部門や工場など製造部門は、個人でなく組織として日々日報または日誌という形で記録に残したり、管理部門に報告したりしている。

(横山皓一)

ネチケット

サイバースペースを利用するうえでの最低限守らなければならないマナーやエチケットのことであり、ネットワークとエチケットから作られた合成造語である。「ネットマナー」「ネットワークエチケット」などと言われることもある。他人のウェブページ等の情報を無断で複製・転載しない、電子メールで容量の大きすぎるファイルを添付しない、SNS などで相手のプライバシーを侵害しないなど、人とインターネットの仕組みに対する配慮を内容とする。1995 年には、「各組織が採用し自身の利用のために適合化できるネットワーク・エチケット（ネチケット）ガイドラインの最小限の組み合わせ」として、リー・ハンブリッジが「ネチケットガイドライン」を発表している。

(山口圭介)

年功序列

企業、団体、官公庁などにおいて、勤続年数の長さや、年齢の上昇にしたがって役職や賃金を上昇させる人事・評価制度や慣習を指す。年功序列制度は、組織における労働年数

の増加や年齢の上昇により労働者の技術や能力や経験が蓄積され、最終的には組織の成績に反映されるとする考え方にもとづいている。第二次大戦前から存在する日本の雇用の典型的なシステムである。なお、年功序列に、終身雇用、企業別組合を加えて、日本的雇用制度の「三種の神器」ということがある。

年功序列による人事・評価制度の慣行は、近年の日本の経済構造や社会の変化、グローバル化に伴って見直されることもあり、欧米型の実力主義による制度の導入も見られる。

(高橋哲夫)

ノウ・ハウ

業務における専門的な技術や知識の蓄積のこと。
(吉田雅也)

ハイテク（High-Tech）

High Technology の略称で、先端分野の高度科学技術や先端技術を指す。主に電子回路や情報処理に関連する応用技術体系の総称。
(小林直樹)

ハラスメント（Harassment）

他者に対する嫌がらせ、いじめ。行為者の意図にかかわらず、発言・行動が相手を不快にさせたり、尊厳を傷つけたり、不利益を与えたり、脅威を与えること。セクシャル――がよく知られているが、他にも「パワー――」「アルコール――」「モラル――」などがある。職場、学校、家庭など、あらゆる人間集団においてこの問題は発生しうる。　(田村明子)

パワーハラスメント

同じ職場で働く者に対して、職務上の地位や人間関係などの職場内の優位性を背景に、業務の適正な範囲を超えて、精神的・身体的苦痛を与える又は職場環境を悪化させる行為を職場のパワーハラスメントと言う。職場のパワハラの具体例としては、①暴行・傷害（身体的な攻撃）、②脅迫・名誉毀損・侮辱・ひどい暴言（精神的な攻撃）、③隔離・仲間外し・無視（人間関係からの切り離し）、④業務上明らかに不要なことや遂行不可能なことの強制、仕事の妨害（過大な要求）、⑤業務上の合理性なく、能力や経験とかけ離れた程度の低い仕事を命じることや仕事を与えないこと（過小な要求）、⑥私的なことに過度に立ち入ること（個の侵害）等をあげることができる。
(薬師丸正二郎)

汎用的能力

基礎的能力と重なる部分が多く、「人間力」（内閣府・人間力戦略研究会）、「就職基礎能力」（厚生労働省）、「社会人基礎力」（経済産業省）、「学士力」（中央教育審議会）などと分けて考えることはできない。

国立教育政策研究所の「今後のキャリア教育を通して育成すべき『基礎的・汎用的能力』」における4つの能力、①人間関係形成・社会形成能力、②自己理解・自己管理能力、③課題対応能力、④キャリアプランニング能力にみられるような、揃えた材料を必要に応じて用いて課題を解決する応用力・解決力ととらえることができる。　(宮田　篤)

PC

PCとは、一般的に、個人使用が想定された比較的簡易・廉価な小型コンピュータの総称である。または、特にIBMが発売したIBM PC や PC／AT、あるいは、主にMacintosh との対比において PC／AT 互換機を広く指す場合もある。たとえば、通常、PCを使い慣れた人が Macintosh を PC と呼ぶことはない。

PCは、企業などで複数人数にて共用され

ることが想定された汎用コンピュータ（メインフレーム）やワークステーションなどに対して、個人レベル、あるいは、家族レベルで使用するためのコンピュータとして提供されている。　　　　　　　　　　　（宮田　篤）

PDCA

　Plan（計画）⇒ Do（実行）⇒ Check（評価）⇒ Act（改善）サイクルと呼ばれている仕事を進めるうえで「ホウ・レン・ソウ」と共に欠かせない要素である。

　第二次世界大戦後に品質管理を構築したウオルター・シューハートとエドワード・デミングが提唱した考え方である。PDCAサイクルという名称は、上記のサイクルを構築する4段階頭文字をつなげたものである。それぞれの意味は次のとおりである。

　①Plan（計画）：従来の実績や将来の予測などをもとにして業務計画を作成する。②Do（実施・実行）：計画に沿って業務を行う。③Check（点検・評価）：業務の実施が計画に沿っているかどうかを確認する。④Act（処置・改善）：実施が計画に沿っていない部分を調べて処置をする。　　（高橋保雄）

ビジネス（Business）

　ビジネスは経済行為を表す用語であり、狭義から広義までさまざまな意味を有するため、1つの日本語に置き換えて表現することはできない。広義のビジネスについては次のように表現することができる。ビジネスとは営利や非営利を問わず、また組織形態を問わず、その事業目的を実現するための活動の総体を言う。したがって、ビジネスの主体者としては株式会社などのような営利企業だけなく、NPOなどの非営利活動法人や住民サービス提供などを行う行政組織等をも含み、個人または法人組織などの事業体がそれぞれの事業目的実現のために、人・物・金・情報などの諸資源を活用して行う活動全体を意味する。
　　　　　　　　　　　　　　　　　（根木良友）

ビジネスインターンシップ

　ビジネスインターンシップという明確な定義付けや分類はないが、一般には営利目的の株式会社などの企業で実施されるインターンシップを指す。　　　　　　　　（根木良友）

ビジネス・キャリア（Business Career）

　関連するビジネス・キャリア制度は、平成5年労働省告示第108号「職業に必要な専門的知識の習得に資する教育訓練の認定に関する規程」にもとづいて創設された。その目的は次の3つに分類される。①ホワイトカラーの職務遂行に必要な専門的知識及び能力の体系化、②職能要件の体系に整合する教育訓練コースの開発と供給、③「修了認定試験」実施によるホワイトカラーの職務能力に公的な証明の付与。また、4つの効果として、①業種・業態・企業規模の違いを超えた汎用的な専門的知識・職務能力の体系的な把握、②企業による社員の対外的エンプロイヤビリティの内容とレベルの客観的な評価、③個人にとっての対外的エンプロイヤビリティの証明、④業種や個別企業に固有の知識・スキルに限定されがちな企業内教育研修から得られる知識・スキルに世間的な広がりと深みを持たせる、などがあげられる。　　　　（根木良友）

ビジネスパーソン

　日本では、一般に、企業で働く人のことをビジネスマン（businessman）と呼んでいる。英語のbusinessmanは、実業家や企業等で高い地位にある人を指す。近年、経営者（manager、owner・management）や高い職位に就いている人たち以外はビジネスパーソ

ン（business person）と呼ぶ言い方が浸透してきた。オフィスで働く人を指して言う言葉に、ワーカー（office worker、worker）、ホワイトカラー（white-collar worker）、女性はピンクカラー（pink-collar worker）などのほか、肉体労働に従事する人をブルーカラー（blue-collar worker）などと言う。

差別用語に敏感な現代社会では、性別や性差を区別しない言い方が主流である。女性の社会進出が定着しつつある今日、ビジネス現場で働く人に対し「ビジネスパーソン」が妥当である。 （古閑博美）

ビジネスプレゼンテーション

定義に「自己の考えや集団のコンセプト（合意）を明確にもったうえで、その意図を第三者に的確に伝え反応を得るための説得的かつ戦略的コミュニケーション」（古閑博美）がある。

ビジネスにおけるプレゼンテーションは、明確な目的をもって行われる。組織や団体の内部・外部に向け、新製品や商品の宣伝、開発改善の報告や説明、企画の提案、研究や活動並びに収支結果の報告や周知などがある。

商談成立を目指すビジネスプレゼンテーションは、内容の吟味に加え、プレゼンターの態度が問われる。洗練された態度は自信に満ちた印象を与えるであろう。内容への質疑応答は必須なため、周到な準備が必要である。 （古閑博美）

ビジネスマナー（Business Manners）

ビジネスマナーとは仕事をする上で必要とされるマナーの総称である。マナーと一口に言っても挨拶やお辞儀の仕方といった基本的なものから、ビジネスの現場で必要となる名刺の渡し方など多岐にわたる。ビジネスマナーはコミュニケーションの潤滑油のようなもので、人と人を結び付ける最初の一歩となる。また、ビジネスマナーとは仕事を行っていく上で、相手を不愉快にさせないための基本的なマナーのことも指す。ビジネスマナーが完璧ならば仕事ができると言うわけではないが、ビジネスマナーが欠如していることから仕事相手を不愉快にさせて業務が円滑に進まないということは起こり得るので注意が必要である。 （根木良友）

フィールドワーク

キャリア教育で用いられる「フィールドワーク」は、学生のキャリア形成に向けた準備として、大学での学習と人格陶冶を促進するよう設計された、企業などの現場において実施される体験学習を指す。

日本の大学において行われるフィールドワークの内容は多岐にわたる。たとえば、職場を見学し説明を受けて現場を知る訪問型、専門教育と関連させたインタビュー調査などによって現場への知見を深める調査型、現場の人々とともに課題解決に取り組む交流型、海外に派遣する海外型などがあげられる。 （吉原元子）

フォーラム（Forum）

「フォーラムディスカッション」の略。公開討論会などのこと。本来は討論した上で、何らかの結論を出す会であるが、「インターンシップフォーラム」の場合は、シンポジウムと同様の意味や内容で使用されているケースが見られる。また就職情報会社等に開催される「インターンシップフォーラム」の場合は、インターンシップ受入企業による合同説明会である場合多い。 （松坂暢浩）

プライバシー

私生活上の事柄をみだりに公開されない法

的な保障と権利であり、個人情報保護の文脈では、他者が管理している自己の情報について訂正・削除を求めることができる権利（積極的プライバシー権）を指す。日本において最初にプライバシーという言葉が使われたのは、三島由紀夫の『宴のあと』（1960年）の出版により、主人公の政治家と料亭の女将のモデルに関して訴訟がおきた1961年である。日本国憲法においては、第13条の「個人の尊重」により保障されていると解されている。

人間が独立した自律的人格として存在するために、一定の私的領域確保が必要不可欠であることについて議論がおき、特に新聞の発達によりゴシップ記事などが横行して社会的に問題になっていたアメリカで、サミュエル・D・ウォーレンとルイス・ブランダイスが「ハーバード・ロー・レビュー」誌の論文にて、'The right to be let alone'（そっとしておいてもらう権利）としてプライバシーの権利を提唱して以降、法的にも独立した権利として取り扱われるようになった。

（大島愼子）

フリーター

いわゆる定職に就いていない若者の呼称。一律の定義はないが、内閣府白書、厚生労働省白書などの政府文書では「年齢15歳〜34歳、卒業者であって、女性については未婚の者とし、さらに①現在就業している者については勤め先における呼称が「アルバイト」または「パート」である雇用者で、②現在無業の者については家事も通学もしておらず「アルバイト・パート」の仕事を希望する者」としている。ニートとの違いについては諸説あるが、統計上では働く意志の有無で区別している。総務省統計局「労働力調査」によると、フリーターの人数は2003年の211万人をピークに緩やかに減少していたが、2009年ころから再び増加傾向にあり、2015年には179万人となっている。

（田村明子）

無礼講

無礼講の反対は慇懃講である。無礼は礼儀をわきまえないことで、失礼な態度にあたる。一方、慇懃はねんごろで丁寧なことを言う。「講」は、仏典講義の会ないし仏や菩薩の徳を賞嘆する法会、神仏を祭るもしくは神仏参拝者で組織する団体であり、また相互扶助組織をいう。無礼と講を併せた「無礼講」は、本来上下の区別なく礼儀を捨てて催すあるいは忘れて参加しても許される酒宴（寄合、パーティなど）のことである。すなわち、あまり礼儀を意識しないでよい気楽な集まりと言える。

とは言え、職業人が催す「無礼講」の場は、社会的な地位や立場・上下関係を無視して同列意識で振る舞ってよいものではない。無礼講とされる場での振舞いを見ている上司や同僚、取引先がいることに注意したい。かしこまった会の後、「（これからは）無礼講で」と言われても、羽目を外してはならないと心得たい。社会では、無礼講と言えども、節度を守る態度が暗黙のうちに求められている。

（古閑博美）

プレゼンテーション（Presentation）

企画、計画やそれらの原案、研究結果や成果など、さまざまな情報を聴衆に対して伝達し、相手から理解、賛同、納得を得る、発表・説明・紹介・解説の行為を指す。プレゼンとも言う。通常は説明する人（プレゼンター）が聴衆に対してプレゼンテーションを行う。単に口頭のみで説明するケースもあるが、実物や模型などを見せたり、パワーポイントなどの発表用ソフトウェアを使用するなど、視覚に訴えて説明力を増すことが多い。

プレゼンは、いつ、どこで、誰に対して、何を目的に行うのかを明確に把握したうえで、事前に準備し、内容を作成し、実際に実施することになる。プレゼンの実施では内容が一番重要であるが、伝えたいことに対する強い意志（思い）をもって、わかりやすく明確なメッセージを明瞭に相手に伝えることも極めて重要である。

（高橋哲夫）

フローチャート（Flow Chart）

ある作業について処理手順や工程などの一連の流れを表した流れ図を指す。フローチャートに使う記号は日本工業規格（JIS規格）で決められており、各工程と処理内容が方形で表され、工程の流れが矢印で表される。基本的な処理は長方形の枠で表され、条件分岐する工程はひし形で表される。このようにプログラムの設計やアルゴリズムの記述などにおいては、フローチャートを用いることによって条件分岐やループの構造などを明確化するほか、作業手順が整理され、考えをまとめるのにも有用であるため、他にもさまざまな業務でフローチャートが利用されている。

（小林直樹）

ベンチャー企業

Venture（ベンチャー）の語源は「危険」であり、冒険的企てや投機などと訳される。したがって、広い意味では「リスクを恐れずに新しい領域に挑戦する企業」をベンチャー企業と言うことができる。1971年の古典的文献では「独自の存在理由をもち、経営者自身が高度な専門能力と才能ある創造的な人々を引きつけるに足る魅力ある事業を組織する起業家精神をもっており、高収益企業であり、かつ、この中から急成長する企業が多く現れている」として、一般的な中小企業との違いが説明されている。米国では、ベンチャー企業の雇用創出は、民間雇用の11％と大きな位置を占めている。日本の成熟した企業に雇用削減の傾向が見られることから、新規雇用創出という点でもベンチャー企業の重要性が高まっている。

（手嶋慎介）

ベンチャービジネス（Venture Business）

新しいタイプの中小企業の意義を主張するため、1970年代初めに提唱された和製英語である。現在はVBと表記されることもあり、単にベンチャーと言われるなど、厳密にベンチャー企業と使い分けられているわけではない。日本では、1970年代から何回かのベンチャーブームが起こっている。『ベンチャー有識者会議とりまとめ』（経済産業省、2014年）では、日本のベンチャー創造の好循環を実現するための施策として、「社会を動かす大胆な制度改革の推進」「挑戦するベンチャーを支える意識改革・起業家支援」「大企業も含めた日本経済全体でのベンチャー創造」が掲げられている。新しい産業分野でベンチャーが成長、次世代の主要企業群をなすことで、産業の新陳代謝と経済成長の原動力となることが期待される。

（手嶋慎介）

報告書

情報共有のために、職場では、「ほうれんそう」「報・連・相」——報告、連絡、相談が大事だと言われているが、報告の方法には、①口頭報告、②書面報告、③ネット報告などがある。報告内容によって選択することになるが、記録に残す必要がある報告は②または③の報告が必要となる。報告内容は5W2Hを念頭に、簡潔かつヌケ、モレないようにすることが大切である。一般的には、A4用紙1枚程度がよいとされるが、報告用紙（フォーマット）が決められている企業もある。

（横山皓一）

報告・連絡・相談・伝達・説明＋確認

　情報化社会は、最新かつ正確で速やかな情報伝達と説明責任が要求される。「ほう・れん・そう・でん・せつ・かく」は、従来強調されてきた「ほう・れん・そう」（報告・連絡・相談）に伝達と説明を加えそれら全てに確認の重要性を強調したことば。古閑博美が提唱。

　物事に対し、十分な吟味や調査等をしないまま報告・連絡・相談・伝達・説明すると仕事の完成度を低下させることになる。対人・対組織関係に悪影響を及ぼすだけでなく、仕事上必要とされる能力に疑問が呈されたり信頼を損ねたりすることになりかねない。「ほう・れん・そう・でん・せつ・かく」を職務遂行上不可欠な行動習慣とし、事故や失敗を未然に防ぐためにも堅実で確実な仕事の仕方を身に付け、関係者と意志の疎通を図ることが肝要である。
　　　　　　　　　　　　　　　（古閑博美）

法人

　自然人以外で、権利・義務の主体たる地位を有するものとして法律上の人格を認められた組織体。人間集団の外部関係・内部関係を簡易に処理する１つの法技術である。法人は法律の規定によらなければ成立することができず、法人の設立、組織、運営及び管理については法律の規定で定めなければならない（民法33条）。公法人と私法人、社団法人財団法人、営利法人と非営利法人などの分類がある。
　　　　　　　　　　　　　　　（田村明子）

ボランティア

　自発性にもとづき無償で奉仕活動を行う人、あるいは行うことを意味する。語源は、ラテン語で「自由意思」を意味するVOLUNTAS（ボランタス）であり、自発性、公共性、先駆性、無償性の４つの基本的性格をもつ。わが国では、1992年の生涯学習審議会答申において、ボランティア活動がはじめて学習としてとらえられ、その後、翌1993年に当時の厚生省が「国民の社会福祉に関する活動への参加の促進を図るための措置に関する基本的な指針」を発表するなど、1990年代に広く振興が図られた。そのため、現在では、社会福祉、災害、まちづくり、環境保全、学校教育など、さまざまな領域で活発なボランティア活動が展開されている。
　　　　　　　　　　　　　　　（山口圭介）

マタニティハラスメント

　働く女性が妊娠・出産・育児をきっかけに職場で精神的・肉体的な嫌がらせを受けたり、妊娠・出産・育児などを理由とした解雇や雇い止め、降格、休職退職の強要等の不利益な取扱をされたりすること。略称マタハラ。男女雇用機会均等法では、婚姻、妊娠、出産等を理由とする不利益取扱の禁止を定めている（同法第9条）。日本労働組合総連合会の調査では「職場でマタハラ被害を受けたことがある」とする回答が28.6％という高い結果が出ている（2015年第3回調査）。上司、異性からだけでなく同僚、同性からのハラスメントもあり、流産、早産などの危険性もあることからセクハラ被害より深刻な実態があるとも言われる。
　　　　　　　　　　　　　　　（田村明子）

マッチング

　種類の異なったものを組み合わせること。大学生の就職活動支援等でよく使われる言葉である。就職マッチングという表現が多いが、これは求職者と求人企業が一堂に会して相互の意向を確認し合う場である。つまり、希望する人材であるか、希望する企業・業界であるのかを確認し合い双方が納得できたら雇用契約につなげる場である。
　　　　　　　　　　　　　　　（高橋保雄）

マニュアル

業務の手順などを体系的にまとめた文書。

（吉田雅也）

ミス

英語の「miss」の転用、あるいは「mistake」を略した外来語で、「失敗」「間違い」の意味で使われる。失敗・間違いの内容は、単純な計算間違い、定められた業務手続を逸脱した間違いなど多様である。また、そのレベルも損失が発生しない低レベルのものから、重大な損失を伴う高レベルのものがある。職場でミスの多い人は、信用されなくなり、重要な仕事を任せてもらえなくなるためわからないことは納得できるまで先輩に聞いたり、業務マニュアルをしっかり身に付けたり、また自分のやった仕事を再確認することがミスを防ぐことに繋がる。重大なミスを犯したときは、上司に報告し、指示を仰ぐことが大切である。

（横山皓一）

3つの言語（会計・自然・人工）

3つの言語とは、会計言語＝簿記・会計、自然言語＝外国語、人工言語＝コンピュータを指す。これらの修得を基礎に、広い視野をもった専門知識を有する実社会で活躍できる人材を育成する大学教育カリキュラムが多数ある。

（小林直樹）

ミスマッチ（Mismatch）

学生が企業等に就職した後、自分の希望した将来像と企業において与えられた現実の仕事との間にギャップが生じること、あるいは、企業等が求める人材像が転職市場にいる求職者の実情とかけ離れている状況を指す。前者の意味におけるミスマッチは、知名度やブランド名だけで就職先を選んだり、仕事の内容をよく知らないまま就職を急いだりするなど、学生の仕事に対するイメージと現実とのずれから生じる失望感に起因することが多いと言われている。厚生労働省の「新規学卒者の離職状況調査」によれば、2013年3月に大学を卒業して就職した者のうち31.9％が、3年以内に早期離職しているとされ、「宿泊業、飲食サービス業」「生活関連サービス業、娯楽業」「教育、学習支援業」の業種では、早期離職率がおよそ50％となっている。

（折戸晴雄）

魅力人材

「魅力人材」は社会に有為な人材として古閑博美が提唱した。人材像は次の5点である。
①世のため人のため、大義のために身を投げ出す気持ちがある。
②責任感や倫理観がある。
③想像力があり、相手をおもんぱかる能力がある。
④コミュニケーション能力と豊かな感性がある。
⑤礼儀作法を心得、敬意表現を適切に発揮できる。

自然災害や経済事情、テロ等人為的災害に左右される社会は、相手の思いや痛みがわかる人材が不可欠である。行動及び心の指針をもった国際的に活躍し、世界に貢献する魅力人材の育成が期待されている。（古閑博美）

免許

法律において、ある特定の事を行うのを官公庁が許可することを指す。免許を証明する免許証や免許状が発行される。法令によって、一般には禁止されていたり、制限されていたりする行為が、特定の場合、特定の人に許される。つまり、免許なしに、特定の行為（禁止されている行為）を行う事はできない。免許には法律が関係してくるため、資格と異な

り、免許をもっていない上で特定の事を行なった場合、問題となり法的に処罰される。

また、芸道においては、家元から門人にその道の奥義を伝授され、その際に与えられる許し状を指す。流派を名乗ることができる。その道の全てを伝授された場合、「免許皆伝」と言う。　　　　　　　　　　　（高橋　愛）

メンター（Menter）

人生や仕事上の指導者、助言者の意味。企業等においてメンター制度を導入するところが増えている。メンター制度は、新入社員などに対し、精神的なサポートをするために専任者を設ける制度のことで、日本では職場で仕事上の助言等をするOJT制度が元になっている。2008年以降やや減少しているが、職場でうつ症状を訴えるケースが注目され社会問題となるなど、ストレス社会の一面を反映している。

専門家だけでなく、職場内に従業員どうしがサポートし合うシステムの構築が必要とされたのもメンター制度が導入された一因である。メンター制度は職場内に問題や不満等をためない点で有効だが、相互の信頼関係によって成立するものと言えよう。　（古閑博美）

メンタルヘルス

精神面における健康のことであり、世界保健機関（WHO）の世界保健機関憲章前文の「健康」の定義には、達成しうる水準の健康を共有することは基本的人権であるとしている。さらに憲章の目的として第2条の機関の任務における各種の宣言において、その(m)項では、精神的健康（Mental health）、特に人間関係の調和に焦点を当てることを宣言している。また、同機関の2007年9月3日に発表された'What is Mental Health'には、「精神的健康とは、単に精神障害でないと言うことではない。それは、1人ひとりが彼または彼女自らの可能性を実現し、人生における普通のストレスに対処でき、生産的にまた実り多く働くことができ、彼または彼女の共同体に貢献することができるという、十全にある状態である」と定義されている。

一般的には、心の健康、精神衛生と言われ、主に精神的な疲労、ストレス、悩みなどの軽減や緩和とそれへのサポート、あるいは精神保健医療のように精神障害の予防と回復を目的とした場面で使われる。　　（大島慎子）

ユニバーサル化

トロウ（1976年）は、高等教育の発展段階を3つのステップに分け、高等教育進学率が15％未満を「エリート段階」、15％以上50％未満を「マス段階」、50％以上を「ユニバーサル段階」とした。また、トロウは高等教育進学率の上昇によって、教育課程や教育方法の質的転換を伴うことを説明している。つまり、高等教育進学率がエリート段階では、厳しい選抜試験によって入学者を選別することができた。しかし、ユニバーサル段階では、さまざまな入試方法によって入学した学生が存在し、学習能力や意欲なども多様化している。このように多様化した学生に対応した教育を提供していくことを大学のユニバーサル化と言う。　　　　　　　（上岡史郎）

ラーニング・アウトカム

欧米では、多く、Learning Outcomesと複数で使われるが、日本語で「学習成果」と訳され、文部科学省の用語解説では以下のように同等の意味で使われている。

学習成果は、プログラムやコースなど、一定の学習期間終了時に、学習者が知り、理解し、行い、実演できることを期待される内容を言明したもの。学習成果は、多くの場合、

学習者が獲得すべき知識、スキル、態度などとして示される。またそれぞれの学習成果は、具体的で、一定の期間内で達成可能であり、学習者にとって意味のある内容で、測定や評価が可能なものでなければならない。学習成果を中心にして教育プログラムを構築することにより、次のような効果が期待される。①従来の教員中心のアプローチから、学生（学習者）中心のアプローチへと転換できること。②学生にとっては、到達目標が明確で学習への動機付けが高まること。③プログラムレベルでの学習成果の達成には、カリキュラム・マップの作成が不可欠となり、そのため、教員同士のコミュニケーションと教育への組織的取組が促進されること。学習成果の評価（アセスメント）と結果の公表を通じて、大学のアカウンタビリティが高まること。

（宮本伸子）

ライフキャリア（Life Career）

職業のみならず人生全般をキャリアとしてとらえる考え方。ドナルドE・スーパーは、人生を虹に例えて「ライフ・キャリア・レインボー（Life-Career Rainbow）」を示した。これによれば、1人の人間は、人生において、子ども、学生、余暇人、市民、労働者、家庭人とさまざまな人生役割（ライフロール）を果たしていく。これまでの日本のキャリア教育は、ワーク（職業）キャリアに関する内容が中心であったが、ワークライフバランス（仕事と生活の調和）の重要性が高まる中、ライフキャリアをどのように構築していくか、人生役割をいかに果たすか、について若いうちに考える機会をより多く設ける必要が生じている。

（牛山佳菜代）

リスク（Risk）

リスクとは不確実にしか予見できない事象の生起によって被る損失もしくは収益減の可能性を指す。各事象の予測にもとづく由縁から、リスクには、①複雑な自然のメカニズムに対する人知の限界と自然力に対する制御が不可能なもの（地震・集中豪雨等）、②生体、物質間の相互作用のあり方をはじめとして、事物の因果関係については、われわれにとって科学的になお未知部分があるために生じるもの（新薬の副作用等）、③人間的ミス、誤操作等によって生じるもの（パイロットや整備技師のミス・オペレーションが原因の航空事故等）、さらに④市場価格、一般大衆の反応といった、人間行動をとりまく社会的環境条件の将来動向を完全には予測し得ないことからくるもの（不測の販売量低下にもとづく大規模設備投資の失敗等）、等の諸タイプがある。

（小林直樹）

履歴書

学生が就職を希望する企業やインターンシップ受入企業に提出する書類。主に氏名、住所、学歴、賞罰、自己PR、志望動機などについて記載する。市販されているものや、大学等で作成された書式がある。

（吉田雅也）

臨地実習

医師や歯科医師、看護師、管理栄養士など、主として医療・保健・栄養にかかわる免許・資格の取得に向けて、病院や施設などの現場で行われる実習のことである。それゆえに、臨地実習とは、各々の免許・資格の取得にかかわる法令等にもとづいて実施されるものであり、施行規則や指定規則において定められた科目名称でもある。臨地実習では、実習施設の担当者を中心とした指導が行われ、特に実践力の向上が目指されることになるが、その重要性から、各養成カリキュラムでは多くの時間（単位数）が配当されている。たとえ

ば、看護師の場合には約25％、准看護師の場合には35％以上が、それぞれ臨地実習にあてられている。　　　　　　　（山口圭介）

ワーク・ライフ・バランス

「仕事と生活の調和」と訳される。個人のライフスタイルやライフステージに応じた多様な働き方の実現を目指す考え方の意味で用いられる。内閣府では「国民一人ひとりがやりがいや充実感を感じながら働き、仕事上の責任を果たすとともに、家庭や地域生活などにおいても、子育て期、中高年期といった人生の各段階に応じて多様な生き方が選択・実現できる社会」と定義している。過労を防いで心身の健康を維持するだけでなく、業務の効率化につながるという指摘もある。たとえば残業を無くして生まれた時間を、子育てや地域活動やスポーツを楽しむ時間にあてたり、自己啓発の勉強などに充てることができる。欧米ではこの取り組みが進んでいる。

（高橋保雄）

ワンデイ（1day）インターンシップ

ワンデイ（1day）インターンシップとは、インターンシップを期間により分類した場合、1日単位でインターンシップを実施するものを言う。その内容はさまざまで、①企業の事業内容を理解を深める講義・セミナー型、②職場を見学したり、業務の説明を受けたりする見学・体験型、③参加学生がチームを組み、その企業の事業にかかわる課題に取り組むことで、ワークを通じて仕事の流れをイメージするプロジェクト型に分けることができる。

期間が1〜2週間以上に及ぶインターンシップに対して、ワンデイにすることにより、企業は多くの学生と接することができるというメリットがある。もっとも、就業体験を望む学生にとっては、就業体験は受入期間が長いほうが効果的なため、ワンデイインターンシップでは、その効果が望めないというデメリットもある。なお、ワンデイインターンシップに対しては、採用活動を効率的に行うために会社説明会的な意味合いでインターンシップを行っているとの批判もある。

（薬師丸正二郎）

Part 6
インターンシップの基本資料

Part 6　インターンシップの基本資料

資料 1

体系的なキャリア教育・職業教育の推進に向けたインターンシップの更なる充実に関する調査研究協力者会議について

平成 25 年 2 月 6 日
高等教育局長

1．目的
学士課程の教育の質の向上を図る観点から、すべての大学において、教育課程内外を通じて学生の社会的・職業的自立に関する指導等に取り組むこととし、そのための体制整備について大学設置基準に規定（平成 23 年 4 月施行）されたところである。

また、「新たな未来を築くための大学教育の質的転換に向けて～生涯学び続け、主体的に考える力を育成する大学へ～（答申）」（平成 24 年 8 月中央教育審議会）においては、学士課程教育の質的転換が求められており、学生の能動的学修を促す具体的な教育の在り方の一つとして、インターンシップ等教室外学修プログラム等の提供が必要であるとされている。

このようなキャリア教育等を取り巻く環境の下、キャリア教育・職業教育の中心的取組として大学における「インターンシップ」については、平成 9 年の文部省・通商産業省・労働省による三省合意等を経て、その政策的な推進が図られてきたところであるが、その実施状況については、授業科目として実施したインターンシップに限定して行った平成 19 年度調査以降、実態把握が不十分である。

このため、大学等におけるインターンシップの実施実態を把握し、その検証を行うとともに、インターンシップの更なる充実に向けた課題を整理することを通じ、今後の推進方策の検討を行うことを目的とし、「体系的なキャリア教育・職業教育の推進に向けたインターンシップの更なる充実に関する調査研究協力者会議」（以下、「協力者会議」という。）を設置する。

2．調査研究事項
（1）　大学等におけるインターンシップの実施実態の把握及び検証
（2）　インターンシップの更なる充実に向けた課題の整理及び今後の推進方策の検討
• キャリア教育・職業教育におけるインターンシップの位置づけの明確化
• プログラムの質的向上や参加学生数の増加等のインターンシップでの質的・量的充実に向けた取組の検討
（3）　その他必要事項

資料1

3．実施方法等
（1） 協力者会議の構成は別紙のとおりとする。
（2） 協力者会議に座長を置き、委員の互選により選任するものとする。
（3） 協力者会議は、必要に応じて、委員以外の者を参画させることができる。

4．実施期間
平成25年2月6日から平成26年3月31日までとする。

5．その他
（1） この協力者会議に関する庶務は、高等教育局専門教育課において処理する。
（2） その他協力者会議の運営に関する事項は、必要に応じ本会議に諮って定める。

Part 6　インターンシップの基本資料

資料2

インターンシップの普及及び質的充実のための推進方策について意見のとりまとめ

平成 25 年 8 月 9 日
体系的なキャリア教育・職業教育の推進に向けたインターンシップの更なる充実に関する調査研究協力者会議

1．はじめに
（インターンシップ推進の経緯と本協力者会議の目的）
○　インターンシップは、大学における学修と社会での経験を結びつけることで、学生の大学における学修の深化や新たな学習意欲の喚起につながるとともに、学生か自己の職業適性や将来設計について考える機会となり、主体的な職業選択や高い職業意識の育成か図られる有益な取組である。

　また、体系化された知識を理解し学修する能力だけでなく、仕事を通して暗黙知から学修する能力を身に付けることで、就職後も成長し続けられる人材の育成につながる。

○　平成 9 年、当時の文部省、通商産業省、労働省において、インターンシップのより一層の推進を図るため、インターンシップに関する共通した基本的認識や推進方策を取りまとめた「インターンシップの推進に当たっての基本的な考え方」を作成し、政府、大学、産業界においては、上記「基本的な考え方」に沿って、インターンシップの普及・推進を図ってきた。

○　文部科学省（文部省）においては、この一環として、インターンシップの意義や実施上の手順等を示した資料（平成 10～12 年インターンシップ・ガイトブック、平成 21 年インターンシップ・リファレンス）を作成してきた。

○　このような普及・推進の結果、この 15 年間でインターンシップを実施する大学、参加する学生の数とも増加しているか、その一方で後述のように様々な課題も指摘されている。

○　このような背景から、平成 25 年 3 月、大学等におけるインターンシップの実施実態を把握し、その検証を行うとともに、インターンシップの更なる充実に向けた課題を整理することを通じ、今後の推進方策の検討を行うことを目的とした「体系的なキャリア教育・職業教育の推進に向けたインターンシップの更なる充実に関する調査研究協力者会議」が設置され、7 回にわたる審議を重ね、有識者から幅広くご意見をいただきつつ、ここに「意見のとりまとめ」としてまとめた。

資料2

（大学改革の進展とインターンシップ）
○　大学改革を含む教育改革の進展に伴い、インターンシップの意義に対する教育上の位置付けにも大きな変化が生じている。

○　平成23年1月には、中央教育審議会において、幼児期の教育から高等教育までを通したキャリア教育・職業教育の在り方について答申が行われた（「今後の学校におけるキャリア教育・職業教育の在り方について」）。
　　また、平成23年4月には、大学設置基準が改正され、全ての大学において、教育課程内外を通じて学生の社会的・職業的自立に関する指導等に取り組むこととし、そのための体制整備を行うこととされている。

○　また、平成24年8月の中央教育審議会答申「新たな未来を築くための大学教育の質的転換に向けて」では、学生の主体的な学修を促す質の高い学士課程教育を進めるため、教育課程の体系化、教員全体の組織的な教育の実施、授業計画の充実等を求めているところであり、そのための能動的学修（アクティブ・ラーニング）の一つとして、大学教育におけるインターンシップの積極的な活用が求められている。

○　このように大学教育におけるキャリア教育・職業教育（キャリア教育・専門教育（注1））の重要性が高まり、大学改革が進展する中、各大学においては、そのためのインターンシップの意義・活用についての取組も進められてきている。
　　1　上述中央教育審議会答申では、「キャリア教育」とは、「一人一人の社会的・職業的自立に向け、必要な基盤となる能力や態度を育てることを通して、キャリア発達を促す教育」、「職業教育」とは、「一定又は特定の職業に従事するために必要な知識、技能、能力や態度を育てる教育」と定義づけられている。
　　一方、「専門教育」は、大学における学問分野別の教育や高度な専門的職業のための教育を意味する。高等教育においては、キャリア教育も専門教育の一環に位置付けられるものであるが、職業に必要な知識、能力等は専門教育の中で育成されるものであることから、本提言では初等中等教育と高等教育を通じて用いられる職業教育に関し、特に専門的能力の育成が必要とされるものについて「専門教育」を用いる。

（今回の検討について）
○　近年の社会状況を見ると、特に大学や産業の国際競争力強化の観点から、大学は次代を支える人材育成のために大きな役割を果たすことが期待されており、その中でインターンシップは学生が産業や社会についての実践的な知見を深める機会と考えられる。

○　このため、「日本再興戦略」（平成25年6月14日閣議決定）においては、我が国の将来を担う若者全てがその能力を存分に伸ばし、世界に勝てる若者を育てることの重要性に鑑み、インターンシップに参加する学生数についての目標設定や、キャリア教育から就職まで一貫して

Part 6 インターンシップの基本資料

支援する体制の強化、インターンシップ活用の推進等が提言されている。

○　インターンシップの普及・推進を図る上での様々な課題や、キャリア教育・専門教育や大学改革推進に向けた意義に加え、近年の社会状況をも踏まえた推進の必要性等も踏まえ、本協力者会議においては、現在のインターンシップの実施状況や課題を踏まえつつ、その推進のための具体的方策を示すとともに、作成後15年が経過した上記「インターンシップの推進に当たっての基本的な考え方」の改訂に当たっての見直しの方向性も取りまとめた。

○　文部科学省においては、本とりまとめの内容に関し、経済産業省、厚生労働省等の関係省庁との連携を一層強化しつつ、インターンシップに参画する学生、大学等、企業等の三者全てが恩恵を享受できるよう、その一層の推進に努められたい。

２．現状と課題
（１）現状

○　文部科学省においては、平成9年より「インターンシップ実施状況調査」を全ての大学及び高等専門学校（以下、「大学等」という）に対して実施し、大学等が単位認定を行っているインターンシップについて実施状況を把握してきたが、本協力者会議における検討に際し、項目をいくつか追加した上で、本年1から2月にかけて「大学等における平成23年度のインターンシップ実施状況について」として調査を実施した。

○　その結果、従来より把握している大学等が単位認定を行っているインターンシップについて見れば、インターンシップを実施した大学の割合については、平成10年度に23.7％（大学数143校）、平成19年度（前回調査）に67.7％（大学数504校）であったのに対して、平成23年度には、70.5％（大学数544校）になっている。
　同様に、インターンシップを体験した学生の割合は、平成10年度に0.6％、平成19年度（前回調査）に1.8％であったのに対して、平成23年度には2.2％（学生数62,561人）になっている。

○　また、大学におけるインターンシップの実施時期については、平成19年度（前回調査）においては、夏期休業期間中が82.2％、授業期間中が8.4％であったのに対して、平成23年度においては、夏期休業期間中が59.9％、授業期間中が19.0％となっている。

○　さらに、大学におけるインターンシップを実施する期間については、平成19年度（前回調査）に、2週間未満が63.1％、1ヶ月以上が7.6％であったのに対して、平成23年度には2週間未満が61.6％、1ヶ月以上が11.5％になっている。

○　一方、今回、新たに、単位認定を行う授業科目以外のインターンシップであって、大学等が学生を派遣するにあたり組織として対応しているものについても調査対象としたところ、

65.1％（大学数487校）の大学が実施し、1.0％（学生数25,428人）の学生が参加しているとの結果が出ている。

○　また、従来、インターンシップとしての集計はしていないものの、特定の資格取得を目的として実施する教育実習、医療実習、看護実習等は、「インターンシップの推進に当たっての基本的な考え方」におけるインターンシップの定義「学生が在学中に自らの専攻、将来のキャリアに関連した就業体験を行うこと」に当てはまることから、その実施状況についても今回新たに調査対象としたところ、85.9％（大学数663校）の大学が実施し、9.6％（学生数273,838人）の学生が参加しているとの結果が出ている。

○　今回の調査では、あくまで大学等が把握しているインターンシップを対象としているため、大学等と無関係に企業等が実施するインターンシップのプログラムに学生が個人的に参加する場合の参加状況について把握していない。現在、様々な民間調査が行われているものの、十分な把握がなされていないため、今後、国において把握していくとともに、各大学においても可能な限り把握に努めていく必要がある。

○　近年、大学等において増加しつつある海外インターンシップについても、今回新たに調査対象としたところ、20.5％（大学数153校）の大学が実施（単位認定を行う授業として実施されたもののみ）し、参加学生の割合は0.08％（学生数2,023人）となっている。

○　なお、近年のインターンシップの普及に伴い、学期中に一定期間にわたって定期的に行われる中長期インターンシップや報酬を伴うインターンシップ、コーオプ教育の一環として行われるものなど、インターンシップについては多様な形態が存在する。更に、サービス・ラーニング等のインターンシップに類似する活動も実施されるようになってきている。

○　企業と大学が連携した取組として、インターンシップの普及・推進のための地域的な組織も形成されるとともに、企業として若手職員の研修の機会と捉えるなど、企業として取り組みやすいインターンシップとするための工夫もなされている。

（2）　課題
○　近年、インターンシップを実施する大学は着実に増加しており、多くの大学が学生をインターンシップに参加させることを希望しているが、参加を希望する学生の数と比べて受入企業の数が少ない、又は受入企業の開拓が不足しているという現状がある。

○　他方、学生のインターンシップの希望先が大企業や有名企業に集中するとともに、中小企業を希望する学生が比較的少ない傾向が見られる。

○　インターンシップを受け入れる企業の拡大のためには、受入企業の新規開拓や企業に受け

入れられやすいプログラムの構築を行う専門的な知見を有する人材が必要であるが、現状ではかかる人材が十分に存在しない。

○　インターンシップの実施期間が短期であることについては、基礎的・社会的な能力を涵養するというキャリア教育に主眼を置く場合は大きな問題とならないが、職業教育又は専門教育に主眼を置き職業的・専門的能力を形成するための就業体験としては必ずしも十分ではないため、プログラムの充実等による教育効果を高める工夫が不可欠である。この点では、日本の学期制度の実情もあり、夏期休業期間中の実施に集中していることも課題となっている。

○　なお、現在インターンシップの実施時期として最も多いのは大学等の夏期休業期間中であるところ、平成27年度卒業・修了予定者からの就職・採用活動時期の変更に伴い、企業の担当者にとっては、インターンシップが最も多く実施される時期と企業の採用活動開始時期が重複することから、企業のインターンシップの受入れが従来よりも困難となることも予想される。

○　一方、大学等によるインターンシップへの関与が不十分な場合が生じていることも課題である。インターンシップの内容について大学等が主体的に関与せずに企業任せになっている状況も見受けられる。特に、学生が企業に直接申し込む場合については、大学等が状況を把握することが困難なこともあり、大学等の関与や教育的支援が十分になされていないのが現状である。

○　インターンシップを単なる就職活動の手段として捉えて教育的理念を持たずに実施している場合も見受けられる。この場合、学生にとってインターンシップは単なる就業体験で終わることとなり、職場で体験した内容が自らの学修内容や専門性を高めていくことに結び付かない。

○　インターンシップと専門教育における学修との関連性が希薄になりがちであることも課題である。インターンシップやキャリア教育が大学内において就職担当部署等の一部の教職員の任務と捉えられ、専門教育を担当する教職員の関与が不十分である状況も見受けられる。かかる状態が大学内におけるインターンシップ推進の妨げの一因となっていると考えられる。

○　上記のような現状と課題を踏まえ、今後、インターンシップの質的向上を図りつつ、大学教育の一環として、インターンシップに参加する学生の数を増やしていくため、大学等、企業等において様々な取組を推進し、国や地域がこれを支援していく必要がある。

3．大学等及び企業等において推進すべき取組
（1）　大学等の取組の活性化等
①大学教育における位置付け
○　大学教育という観点から、インターンシップについては産学連携教育の一環として行われるものであり、大学が主体者となるべきものと考えられる。

資料2

○ 前述のとおり、キャリア教育・専門教育の充実、大学教育の質的転換を図る中で、インターンシップの取組の充実が求められており、各大学においては、それぞれのキャリア教育、専門教育の強化や、学士課程教育の改革の観点からのインターンシップの意義、位置付けについて明確にする必要がある。

○ この際、インターンシップについては、一人一人の社会的・職業的自立に向け、必要な基盤となる能力や態度を育てるキャリア教育としての側面が強い形態と、キャリア教育を前提としつつも、専攻分野の知識・技能を深化し、職業への移行を支援するための、より専門教育（又は職業教育）としての側面を強めた形態があることに留意する必要がある。

○ 前者の場合であっても、インターンシップを専門教育から切り離されたものとして考えるのではなく、専門教育と関連付けて実施することが必要である。かかる観点から、インターンシップを大学のキャリア教育担当者のみに任せるのではなく、専門教育に携わる教職員も主体的に取り組むことが求められる。

○ 後者についても、キャリア教育としての意義を前提とした上で、PBLなどと同様にインターンシップを専門教育の一環として明確に位置付けた上で、専門教育における学生の学修を深め、学生の主体的な学修を促すためのプログラムとして推進すべきである。

○ このように、前述の2形態は互いに重なり得るため、例えば、同じ学科においても、低学年のうちは前者的なものをカリキュラムに組み込み、高学年に進むにつれて後者的な内容を組み込んでいくことも考えられる。

○ なお、各大学においては、今後、大学以外の者が実施するインターンシップなども含めて大学教育の一環として、積極的に関与（学生の参加状況の把握、学生への支援・指導など）していくことが望まれる。
　更に、インターンシップにおける教育的側面を充実することも大学の責務と考えられ、大学の側から企業等に対し、教育効果の高いインターンシップ・プログラム設計や運営方法を積極的に提案していく必要がある。

②**大学等の取組の活性化**
○ 大学の教職員に対し、インターンシップの重要性の理解を進めるためには、平成23年の大学設置基準改正等を踏まえたキャリア教育の重要性についての学内の共有化を図りつつ、インターンシップがキャリア教育としての意義とともに学生が専門教育の学修を深めるための主体的な学修を促すプログラムである点を明確にする必要がある。こうした観点から、特に、人文・社会科学系学部を中心に、学部間での取組の差も埋めていく必要がある。

○ インターンシップは、学内のインターンシップを担当する教職員だけで完結するものでは

なく、学部や研究科の教職員も含めた大学の教職員全体として取り組むことが必要である。また、大学の学部・研究科等の組織間はもとより、インターンシップを担当するキャリアセンター等と大学の学部・研究科等の組織間の有機的な連携・協力体制を整備することが重要であり、学長等のリーダーシップが期待される。

○　インターンシップの充実に際しては産業界との連携協力が不可欠であると同時にキャリア教育・専門教育と就業体験を組み合わせたインターンシップ・プログラムの設計、実施、運営管理、学生指導、学習成果の測定評価、学内の関連部門（学部管理部門やキャリアセンター、学長及び教授陣との関係など）との連携、企業等学外協力者の開拓・連携等が重要であり、インターンシップを大学教育に体系的に取り込み、発展させていくため、これらの職務を担当する学内組織と専門人材が必要である。

○　このため、インターンシップに関する専門的知見や経験を有するとともに、キャリア教育・専門教育としての位置付けを明確にできる教職員を養成・確保しつつ、FD・SDを通じ、その知識・経験を共有し、教職員全体への浸透を図っていくことが肝要である。

○　この際、大学教職員が企業等で就業経験を積むこともインターンシップへの理解を深める上で有益と考えられる。

③インターンシップの単位化及び事前・事後教育等の重要性

○　インターンシップを大学の単位に組み込むことは、大学教育、特に専門教育とのつながりがより明確になることや、事前・事後教育等の体系化及び充実が図られる等、インターンシップの教育効果を高め、学生が大学における教育内容をより深く理解できるというメリットがあり、望ましいと考えられる。

○　一方、特に当該単位を学位の構成要件とするに当たっては、教育課程の体系の中に当該単位をどのように位置付けるか十分な検討が必要である。また、単位化を進めんがため、かえって不必要な教育内容を生じさせることのないような工夫が必要である。

○　単位化の有無を問わず、事前教育においては、インターンシップに参加する目的を明確化するとともに、専門教育との関連性を意識させることが重要である。また、事後教育においては、大学における自己の学修とのつながりを意識させることが必要である。更に、インターンシップ期間中の現場での指導も含め、一連のプロセスとしての教育プログラムとして開発していく必要がある。

○　なお、大学を経由しないでインターンシップに参加する学生に対しても、事前・事後教育等の機会を提供する等のサポート体制を構築することは、その教育効果を高めるという点で有益であり、更にインターンシップへの参加促進そのものにも有益である。

○　今後、学部と大学院別、文系と理系の分野別、短期と中長期の期間別、実施対象地域別（国内及び海外）などを考慮した具体的なプログラムを策定し、質的向上に注力することが必要である。

④学生にとっての意義及び学生への啓発
○　学生にとってインターンシップは、社会的自立や職業生活に必要な能力の育成が図られる重要な機会であり、実際に職場での業務を体験することは、日常の学修とは異なる一般社会からの視点や気付きをもたらす。また、自らの専攻や将来希望する職業に関連した職場で業務を体験することを通じ、大学において自らが学んだ内容と社会との関連性を認識し、今後の主体的な学修への動機付けを強め、専門知識の有用性や職業自体について具体的に理解することを促す契機になると考えられる。更に、これらにより、就職後の職場への適応力や定着率の向上にもつながる。

○　このため、学生へのより一層の普及を図るべく、各大学は、これまでの参加実例も含め、積極的にインターンシップの情報を学生に提供するなどにより、学生のモチベーションを高める必要がある。

○　また、特に長期のインターンシップの場合には、実施期間中、アルバイトによる収入が確保できず、学生に経済的負担が生じ得ることから、有給によるインターンシップの有効性についても留意が必要である。有給とすることで、学生の責任感が高まる効果も考えられる。

○　学生の間では、依然として企業の実際の業務や実績に関わらず一般に大企業や有名企業に就職を希望する傾向が強く、それを背景として、大企業や有名企業におけるインターンシップを志向する傾向が強い。インターンシップは、学生が中小企業の実際の業務内容に触れながらその魅力に気付く機会と捉えられるため、これに積極的に参加することが有意義であると考えられる。

⑤企業等にとっての意義及び企業等による受入れの円滑化
○　企業等にとっては、インターンシップの受入れは、CSRや社会貢献としての意義とともに、産学共同による実践的な人材の育成、大学教育への産業界のニーズの反映、企業の役割や活動について学生の理解を深める意義が認められるものである。

○　特に、中小企業については、平成27年度卒業・修了予定者からの就職・採用活動開始時期の変更に際して、中小企業の魅力発信等、円滑な実施に向けた取組を行うことが求められていることから、中小企業の魅力発信としてのインターンシップの更なる活用の推進が求められている。前述のように学生の間では、依然として大企業や有名企業におけるインターンシップを志向する傾向が強いが、インターンシップは学生が、ベンチャー企業を含め、中小企業の実際の業務内容に触れながらその魅力に気付く機会を提供することとなるため、中小企業にとっ

○　一方、企業等のインターンシップの取組の強化によって、企業等のグローバル活動の展開や、直面している課題に対する理解を深めた学生が、これを契機として、我が国の産業を支え、世界でも活躍できる人材に育つことは、当該企業にとってもメリットとなり得るものである。

○　企業等にとっての受入れメリットを高めるためには、例えば、学生による企業研究を組み込んだインターンシップ、インターンシップ生の指導を通じた若手職員の研修、インターンシップを通じて自社のような業態又は業種についての理解を深めさせるなどの取組の充実を図る必要がある。

○　更に、後述のように、企業等にとってより受け入れやすいようなインターンシップの支援体制の整備や、大学からの書類等の可能な範囲での共通化を図ることにより、企業等における受入れの円滑化を図る必要もある。

⑥報酬等の取扱い
○　インターンシップの普及・拡大を図っていくためには、報酬を得た上でインターンシップを行うことの有効性にも留意が必要である。特に、前述のとおり、長期のインターンシップの場合には、報酬を得ることにより学生の参加を促す効果が考えられ、また、実際に有給とすることで、学生の責任感が高まる効果も考えられる。

○　一方、インターンシップの名を借りて学生を低賃金の労働力として扱うような事例も見受けられる。このような場合は大学への相談を呼びかけ、問題がある場合は大学として適切な助言を行うほか、労働関係法令の適用の問題にも留意することが必要である。また、インターンシップは教育的意義を有するものでなければならず、学生にとって報酬を得ることが主目的とならないよう留意する必要がある（注2）。
　　　2　ここでいう有給のインターンシップは、報酬は伴うものの、あくまでインターンシップの実施を目的として企業が提供し、学生が参加するプログラムを指す。

（2）　中長期インターンシップの導入等による長期休業期間以外での実施促進
　現在のインターンシップは夏期休業期間中に1週間～2週間程度集中的に実施するもの（いわゆる短期プログラム）が最も多いが、就職・採用活動時期の変更に伴う夏期休業期間中における就職活動の活発化も踏まえれば、今後、インターンシップ実施の拡充を図っていくためには、夏期休業期間以外におけるインターンシップの実施時期の検討が必要となる。
　このため、企業の採用を目的とした広報活動の時期と抵触しないように配慮しつつ、春期休業期間の活用や、学期期間中の実施についても考える必要がある。その際、就業場所等の実態に応じて学期中の特定の曜日・時間を継続的にインターンシップに充てることも一つの方策である。（また、夏学期やクォーター制、トリメスター制などが導入された場合、より柔軟で質を

伴う運用も可能となる。）

○ 実施期間が１ヶ月を超えるような中長期のインターンシップについては、企業に継続的に派遣される形式と、期間中に定期的に企業を訪問する形式とが考えられるが、特に、後者の形式のものについては長期休業期間以外のインターンシップ実施を促進する意義も認められる。

○ 更に、後者のプログラムについては、企業等のみで実習を行う方法だけでなく、米国で実施されているコーオプ教育プログラム（例えば数ヶ月間～数年次にわたり大学での授業と企業での実践的な就業体験を繰り返すサンドイッチ型教育プログラム）のように、大学での講義と企業等での実習を繰り返す方法も考えられ、専門教育との関連付けにより一層効果を発揮するものと考えられる。

○ また、大学院博士課程の学生や、大学等で指導を受けている博士課程修了者、ポストドクター等に対して、その適性や希望、専門分野に応じて、企業等における長期インターンシップの機会の提供を図るなどのキャリア開発の支援は、社会の様々な分野で活躍できる高度な人材の養成につながるものと考えられる。特に、全学的・組織的に取組を進めていく上で、指導教員及び研究主宰者の意識改革を図ることが重要である。

○ 平成24年度に経済産業省が実施した産業経済研究委託事業「産学連携によるインターンシップのあり方に関する調査」においても、教育的効果の高い長期インターンシップの普及・推進に向けた施策・提言がなされており、この提言に沿った取組の拡大が期待される。

○ 学生が働く目的を考え自己成長を促す長期の有給インターンシップを産学の連携により推進することも考えられる。また、有給とすることで学生の責任感が高まる効果も考えられる（報酬についての留意点は前述のとおり）。

（３） 海外におけるインターンシップ等
①海外インターンシップ
○ グローバル人材育成の観点から、海外インターンシップのプログラムの開発・普及を推進する必要がある。その際、海外連携大学における語学研修の実施や、日系企業等現地法人との連携によるプログラムが有効である。なお、海外インターンシップについては、リスク管理、学生へのフォローなど、国内インターンシップ以上に手厚い対応が必要である。

○ 日本人学生が海外留学中に行う海外インターンシップを推進することも必要である。

②外国人留学生のインターンシップ
○ 優秀な外国人留学生を確保するため、日本企業・日系企業による外国人留学生を対象としたインターンシップの実施を促進する必要がある。日本で学ぶ留学生と日本人学生がチームと

Part 6　インターンシップの基本資料

（4）　多様な形態のインターンシップや、インターンシップと同等の効果を発揮する多様な取組の推進

　キャリア教育・専門教育としての意義を踏まえつつ、産学連携等によるインターンシップを推進していくに当たっては、いわゆる短期プログラムの充実と拡大はもちろんのこと、多様な形態のインターンシップをその目的に合わせて柔軟に取り入れながら、できるだけ多くのインターンシップの機会を提供していくことが重要である。その際、例えば大学入学当初は、学生は社会との接点が少ないことから、低学年ではいわゆる短期プログラムを実施し、高学年ではインターンシップの中長期化や内容の充実を図るなど年次に応じたインターンシップの段階的高度化を図ることも考えられる。

　また、従来、インターンシップの範疇と捉えられていなかった活動についても、インターンシップと同等の効果を発揮すると認められる取組については、これを積極的に評価し、包括的に把握し推進していくことが必要である。

（多様な形態のインターンシップの例）
○　大学院レベルのインターンシップに関しては、ワークショップやPBLと組み合わせた取組や、人文・社会科学分野においては地域社会と連携したフィールドワークなど、理工農系においては産学連携の共同研究プロジェクトとの関連付けなども有効と考えられる。

○　上記の中長期インターンシップ、コーオプ教育の他、いわゆる短期プログラムであっても、前述のような学生に受入企業等に関する研究を行わせるインターンシップや、課題解決型インターンシップや地域おこし型インターンシップのように濃い内容を持たせることも可能である。

○　更に大学の学期制の見直しの中で大学入学前後の「ギャップターム」を利用することにより海外や長期間でのインターンシップなどの多様な活動を行うことで、世界への視野を広げ、学生の主体的な学びを促すことができるものと期待される。

（特定の資格取得を目的として実施する実習）
○　今回のインターンシップ実施状況調査で把握したように、多くの学生が特定の資格取得を目的として実施する教育実習、医療実習、看護実習等に参加している実態がある。
　これらの資格取得を伴う課程においては、実習以外のインターンシップ参加は教育課程の実施上難しい場合が多い一方、これらの実習は、インターンシップの定義「学生が在学中に自らの専攻、将来のキャリアに関連した就業体験を行うこと」に当てはまることから、インターンシップと同等の効果を発揮するものとして積極的に評価し得るものと考えるべきである。

（サービス・ラーニング）
○　サービス・ラーニングは、教育活動の一環として、一定の期間、地域のニーズ等を踏まえ

た社会奉仕活動を体験することによって、それまで知識として学んできたことを実際のサービス体験に活かし、また実際のサービス体験から自分の学問的取組や進路について新たな視野を得る教育プログラムであり、インターンシップと同様に意義のある取組と考えられる。

(企業現場での活動を伴わない活動)
〇 企業外の施設や企業内会議室等で行われるPBLやサービス・ラーニングなどであっても、複数の多様な企業等関係者とのコミュニケーションを一定程度経験し、活動内容が企業等活動という文脈に即したものである場合、インターンシップと同等の就業体験と捉えることも考えられる。

〇 地域の企業等が連携し、研修施設等において、一定のテーマに基づき企業の現状を踏まえたワークショップ等学生が主体的に参画する活動を合同で実施することも考えられる。

〇 なお、これらの取組を実施するにあたっては、インターンシップと同等の就業体験に見合う経験を得られるような実施上の配慮が必要である。

(多様な取組の導入の推進)
〇 専門教育と関係した実践的な学習として、インターンシップ、サービス・ラーニングなどの体験活動を含めて、「職業統合的学習(Work Integrated Learning: WIL(注3))」という包括的な概念として捉えることも考えられる。
　　3　WILとは、豪州の大学において導入・実践が進められている学習方法論であり、産業界との連携の下、各専門分野の学問体系に基づく大学教育のカリキュラムと職業実践とを統合させた学習である。なお、多様な体験活動をWILとして扱う場合には大学での学習と関連することが必須であるとされている。

〇 上記に挙げた様々な取組については、大学におけるカリキュラムポリシー、ディプロマポリシーを踏まえつつ、学生の必要に応じて提供されることが望まれる。

〇 大学の専門分野に関連するアルバイトについては、学生が様々な気付きを得る点では一定の評価ができるが、学生にとっては一義的に収入を目的としたものであり、また、企業等にとっても主として労働力としての役割を期待しているものであることから、アルバイトをインターンシップと同等に取り扱うなどの教育的位置付けについては引き続き検討が必要である。

〇 なお、上記の活動例以外にも、海外留学やその他の体験的活動等についても、大学外での「地域・職場の現場での学習」に相当するものであれば、キャリア教育・専門教育の一環として位置付けた場合に、インターンシップと同等の取組と位置付けることも考えられるが、それぞれ固有の状況があることから、今回の検討の対象には加えていない。

> 資料3

インターンシップの推進に当たっての基本的考え方

平成 9 年 9 月 18 日
平成 26 年 4 月 8 日一部改正
平成 27 年 12 月 10 日一部改正
文部科学省
厚生労働省
経済産業省

1　大学等におけるインターンシップとは何か

　大学等におけるインターンシップ（以下、「インターンシップ」という。）とは、一般的には、学生が企業等において実習・研修的な就業体験をする制度のことであるが、インターンシップが活発に行われているアメリカにおいては、大学のイニシアチブの有無、実施期間、実施形態等によってインターンシップと称するかどうかを区分する場合もあるとされている。
　一方、我が国においては、インターンシップについては、「学生が在学中に自らの専攻、将来のキャリアに関連した就業体験を行うこと」として幅広くとらえられている。

2　インターンシップの意義

　インターンシップは、学生を送り出す大学等、これを体験する学生、学生を受け入れる企業等それぞれにとって、様々な意義を有するものであり、それぞれの側において積極的に対応していくことが望まれる。

①大学等及び学生にとっての意義

〇　キャリア教育・専門教育としての意義
　大学におけるキャリア教育・専門教育を一層推進する観点から、インターンシップは有効な取組である。

〇　教育内容・方法の改善・充実
　アカデミックな教育研究と社会での実地の体験を結び付けることが可能となり、大学等における教育内容・方法の改善・充実につながる。
　また、学生の新たな学習意欲を喚起する契機となることも期待できる。

〇　高い職業意識の育成
　学生が自己の職業適性や将来設計について考える機会となり、主体的な職業選択や高い職業意識の育成が図られる。また、これにより、就職後の職場への適応力や定着率の向上にもつな

がる。

○ 自主性・独創性のある人材の育成
　企業等の現場において、企画提案や課題解決の実務を経験したり、就業体験を積み、専門分野における高度な知識・技術に触れながら実務能力を高めることは、課題解決・探求能力、実行力といった「社会人基礎力」や「基礎的・汎用的能力」などの社会人として必要な能力を高め、自主的に考え行動できる人材の育成にもつながる。
　また、企業等の現場において独創的な技術やノウハウ等がもたらすダイナミズムを目の当たりにすることにより、21世紀における新規産業の担い手となる独創性と未知の分野に挑戦する意欲を持った人材の育成にも資する。

②企業等における意義
○ 実践的な人材の育成
　インターンシップによって学生が得る成果は、就職後の企業等において実践的な能力として発揮されるものであり、インターンシップの普及は実社会への適応能力のより高い実践的な人材の育成につながる。

○ 大学等の教育への産業界等のニーズの反映
　インターンシップの実施を通じて大学等と連携を図ることにより、大学等に新たな産業分野の動向を踏まえた産業界等のニーズを伝えることができ、大学等の教育にこれを反映させていくことにつながる。

○ 企業等に対する理解の促進、魅力発信
　大学等と企業等の接点が増えることにより、相互の情報の発信・受信の促進につながり、企業等の実態について学生の理解を促す一つの契機になる。これについては、特に中小企業やベンチャー企業等にとって意義が大きいものと思われ、中小企業等の魅力発信としてもインターンシップは有益な取組である。
　さらに、インターンシップを通じて学生が各企業等の業態、業種又は業務内容についての理解を深めることによる就業希望の促進が可能となることや、受入企業等において若手人材の育成の効果が認められる。また、学生のアイディアを活かすような企業等以外の人材による新たな視点等の活用は企業等の活動におけるメリットにもつながる。これらの企業等の受入れの意義を大学等及び企業等において共有することが重要である。

3　インターンシップ推進の望ましい在り方
　インターンシップの形態としては、おおむね次の三つに類型される。
　イ　大学等における正規の教育課程として位置付け、現場実習などの授業科目とする場合。
　ロ　大学等の授業科目ではないが、学校行事や課外活動等大学等における活動の一環として位置付ける場合。

ハ　大学等と無関係に企業等が実施するインターンシップのプログラムに学生が個人的に参加する場合。

　いずれの類型においても、インターンシップについては、大学等の教育の一環として位置付けられ得るものであることから、大学等が積極的に関与することが必要である。この観点から、事前・事後教育等の機会を提供する等のサポート体制を構築することは、その教育効果を高めるという点で有益である。

　なお、インターンシップと称して就職・採用活動開始時期前に就職・採用活動そのものが行われることにより、インターンシップ全体に対する信頼性を失わせるようなことにならないよう、インターンシップに関わる者それぞれが留意することが、今後のインターンシップの推進に当たって重要である。

　このため、インターンシップ等で取得した学生情報の企業等の広報活動・採用選考活動における取扱いについては、別紙の「企業等がインターンシップ等で取得した学生情報の広報活動・採用選考活動における取扱いの考え方について」に基づき、実施時期に応じた取扱いに留意する必要がある。

（1）　大学等における留意事項
①大学等におけるインターンシップの位置付け
　上述の三つの類型は、インターンシップを大学等における単位として認めるか否かに関係し、イの場合には、大学等の教育課程に位置付けられたものとして単位が認定されるが、ロやハの場合には単位として認定されない場合が多い、ということになる。

　インターンシップを大学等の単位に組み込むことは、大学等の教育、特に専門教育とのつながりがより明確になることや、インターンシップ・プログラムや事前・事後教育等の体系化及び充実が図られる等、インターンシップの教育効果を高め、学生が大学等における教育内容をより深く理解できるというメリットがあり、望ましいと考えられる。

　なお、特に当該単位を学位の構成要件とするに当たっては、教育課程の体系の中に当該単位をどのように位置付けるか十分な検討が必要である。また、単位化を進めんがため、かえって不必要な教育内容を生じさせることのないような工夫が必要である。

　一方、ロやハの形態のものであっても、広い意味でインターンシップとしての効果は認められるものも多いと思われる。このため、人材育成の観点から有益と判断されるものについては、大学等の教育課程の中に位置付けていくことを含め、その積極的な評価について検討することが必要である。

②インターンシップの実施体制の整備
　企業等との連携を適切に図り、インターンシップを円滑に実施するため、インターンシップの窓口を設けるなど、実施体制の整備が不可欠である。

③インターンシップの教育目的の明確化等

　インターンシップの実施に際しては、インターンシップの教育目的を明確化し、これに基づき、必修か選択か、何年生で実施するか、授業期間中に行うか休業期間中に行うか、期間をどれくらいにするかなど様々な点について、どのように行うのが最も効果的かという観点から検討する必要がある。

　また、インターンシップは企業等にとっても大きな負担を伴うものであり、こうした点からも、インターンシップの効果が最大のものとなるよう努力していくことが重要である。

　さらに、インターンシップは、学生が自らの専攻や将来希望する職業に関連した職場で業務を体験することを通じ、大学等において自らが学んだ内容と社会との関連性を認識し、今後の主体的な学修への動機付けを強め、専門知識の有用性や職業自体について具体的に理解することを促す契機となると考えられる。大学等の教育を推進する観点からも、能動的な学修を促す学修プログラムとして提供されるインターンシップの意義が重要である。

④インターンシップによる学習成果の評価等

　インターンシップは大学等の外の場所における学習であり、こうした学習成果について企業等と連携した適切な評価方法について検討し、インターンシップの目的を踏まえながら適切な評価を行っていく必要がある。特に、学生のインターンシップの成果の評価について、企業等にとって各大学等によって異なる対応が必要な現状を改めるため、大学等からの学生の評価書類における要素等の共通化を図る必要がある。

⑤インターンシップの実施時期、期間等

　インターンシップの実施時期については、インターンシップの教育目的、全体の教育課程との関係、企業等の受け入れ可能時期との関係等を検討した上で、適切な時期を選択する必要がある。また、採用・就職活動の秩序の維持にも配慮する必要がある。

　さらに、大学院における実施など、多様な時期に実施することについても積極的に検討していくことが望まれる。

　インターンシップの実施期間については、現状においては様々であるが、インターンシップの教育目的や教育効果などを踏まえながら、企業等の意見を十分に聞き、適切な期間を定める必要がある。

⑥多様な形態のインターンシップ

　インターンシップの機会提供にあたっては、短期プログラムの内容の充実を図りながら拡大することはもちろんのこと、教育効果の高い中長期インターンシップや、専門教育との関連付けにより一層効果を発揮するコーオプ教育プログラム（例えば数ヶ月間～数年次にわたり大学等での授業と企業等での実践的な就業体験を繰り返す教育プログラム）、学生の責任感を高め、長期の場合には学生の参加を促す効果が考えられる有給インターンシップなど、多様な形態のインターンシップをその目的に合わせて柔軟に取り入れることが重要である。

⑦インターンシップの場の多様化

　インターンシップの場としては、一般的には企業が考えられるが、インターンシップの目的に応じて、行政機関や公益法人等の団体なども考えられる。また、受入先の企業を選ぶ場合、特定の業種や大企業に偏ることなく、中小企業やベンチャー企業等を含めバランスが保たれるよう配慮する必要がある。

　さらに、職業意識を高める観点からは、必ずしも学生の専攻に関連する分野だけでなく、幅広い分野を対象にしたり、また一つの分野にだけ行くのではなく、複数の分野を体験することも有意義であると考えられる。

　また、社会や経済がグローバル化する中、世界で活躍する真のグローバル人材を育成する観点から、日本人学生が海外留学中に行う海外インターンシップを推進することや、我が国の成長につながる優秀な外国人留学生を確保する観点から、日本企業による外国人留学生を対象としたインターンシップの実施を促進することも必要である。

（2）　学生を受け入れる企業等における留意事項

①インターンシップに対する基本認識

　インターンシップは、社会・地域・産業界等の要請を踏まえ、将来の社会・地域・産業界等を支える人材を産学連携による人材育成の観点から推進するものであり、自社の人材確保にとらわれない広い見地からの取組が必要である。また、こうした観点から、長期的な視野に立って継続的にインターンシップを受け入れていくことが望ましい。

　インターンシップの学生を受け入れる企業等において、こうした趣旨を十分理解して対応することが、今後のインターンシップの推進において極めて重要である。

②インターンシップの実施体制の整備

　インターンシップは、企業等の場における学生に対する教育活動であり、十分な教育効果をあげるためには、企業等における実施体制の整備が必要である。また、実際の教育・訓練の目的・方法を明確化するとともに、大学等と連携しながら効果的なプログラムを開発することが重要である。

③経費に関する問題

　インターンシップに関しては、これに要する経費負担や学生に対する報酬支給の扱いなど経費に関する問題がある。

　現状においては、こうした経費の扱いに関しては多様な例が見られるとともに、インターンシップの形態には様々なものがあるため、基本的には、個別に大学等と企業等が協議して決定することが適切であると考えられる。

④安全、災害補償の確保

　インターンシップ中の学生の事故等への対応については、大学等、企業等の双方において十分に留意する必要があるが、インターンシップの現場における安全の確保に関しては、企業等

において責任をもった対応が必要である。

また、万一の災害補償の確保に関しても、大学等と事前に十分協議し、責任範囲を明確にした上で、それぞれの責任範囲における補償の確保を図ることが重要である。

⑤労働関係法令の適用

インターンシップの実施にあたり、受け入れる企業等と学生の間に使用従属関係等があると認められる場合など、労働関係法令が適用される場合もあることに留意する必要があり、その場合には、企業等において労働関係法令が遵守される必要がある。

⑥適切な運用のためのルールづくり

インターンシップにより、企業等と大学等や学生との結び付きが強くなり、採用の早期化、指定校制などにつながるのではないかといった懸念も指摘されている。

このため、インターンシップの実施に当たっては、学生の受入れの公正性、透明性を確保するための適切な運用のためのルールづくりが必要である。

4 インターンシップの推進方策の在り方

インターンシップの円滑な推進のため、文部科学省、厚生労働省、経済産業省が連携しつつ、大学等、企業等の協力を得ながら、以下の施策を積極的に展開することが必要であると考える。

①インターンシップに関する調査研究及び情報提供

インターンシップに関しては、文部科学省において、平成9年より「インターンシップ実施状況調査」を全ての大学及び高等専門学校に対して実施し、大学等が単位認定を行っているインターンシップについて実施状況を把握しているところである。

今後、大学等と無関係に企業等が実施するインターンシップのプログラムに学生が個人的に参加する場合の参加状況等も含め、インターンシップに関する全般的な状況の把握に努めるとともに、先進事例の収集、効果的なプログラムや専門人材の養成手法の開発などについて調査研究を行い、その成果の大学等や企業等への適切な情報提供を図る。なお、大学等と無関係に企業等が実施するインターンシップの学生の参加状況については、国において把握していくとともに、各大学等においても可能な限り把握に努めるよう協力を求める必要がある。

また、インターンシップの意義、メリットなどが十分理解されるよう、様々な広報媒体の活用やシンポジウムの開催などにより、インターンシップの普及啓発を図る。

さらに、このようなインターンシップの推進のための各種施策の実施や指導・助言等を行うための体制整備を図る。

②インターンシップ推進のための仕組みの整備

上記の情報提供に加え、実際に大学等のニーズと企業等のニーズとを効果的に結び付け、より多くの学生の参加機会を確保するため、マッチングが円滑に行われるような仕組みを整備することが必要である。このため、例えば、各地域に企業等、大学等、関係する諸々の行政機関

からなる産官学による協議会等の場を活用するなどし、インターンシップに関する情報交換等を図る。

　なお、当該仕組みにおけるインターンシップ・プログラムの構築の際、大学等の教育目的と企業等が提供可能な教育資源等の調整を行うなど、大学等と企業等との相互理解を前提とすることによって、より教育効果の高い取組が期待される。

③インターンシップに係る専門人材の育成・確保

　大学等はインターンシップに関する専門的知見を有する教職員の育成を行うとともに、大学等と企業等が協力して、受入れ拡大のためのインターンシップのプロジェクト設計や、大学側と企業側のニーズのマッチング等を行う専門人材（コーディネーター等）の育成・確保が必要である。

④大学等及び受入企業等に対する支援

　インターンシップの実施は、大学等、企業等にとって、新たな負担が伴うものであり、インターンシップの推進のため、これに積極的に取り組む大学等や企業等に対する適切な支援を図る。特に、資金力や情報力等が十分でない中小企業やベンチャー企業等にもインターンシップが普及するよう適切な支援を図る。

資料3

別紙

企業がインターンシップ等で取得した学生情報の広報活動・採用選考活動における取扱いの考え方について

インターンシップ等の実施（開始）時期	基本的な取扱い	あらかじめ広報活動・採用選考活動の趣旨を含むことが示された場合の取扱い
<u>3学年次2月末まで</u> 広報活動開始時期「前」	学生情報は、広報活動・採用選考活動に使用できない。	広報活動・採用選考活動の趣旨を含むことはできない。 ※広報活動開始日以前に開始されるインターンシップについては、終了日が広報活動開始日以降であっても、開始時点では趣旨の明示を行うべきではないため、広報活動・採用選考活動としての取扱いは行わない。
<u>3学年次3月〜</u> <u>4学年次5月末まで</u> 広報活動開始時期「後」かつ採用選考活動開始時期「前」	※広報活動・採用選考活動において、学生が企業に対し自ら提出したエントリーシート、成績表等にインターンシップの参加事実、フィードバック結果等が記載されている場合は、他の成績書類と同様に、これを広報活動・採用選考活動に使用することは差し支えない。	学生情報を採用選考活動に使用できる。
<u>4学年次6月以後</u> 採用選考活動開始時期「後」		学生情報を広報活動に使用できる。

注1）広報活動：採用を目的とした情報を学生に対して発信する活動。採用のための実質的な選考とならない活動。
　　採用選考活動：採用のための実質的な選考を行う活動。採用のために参加が必須となる活動。
注2）本表は、平成28年度の卒業・修了生から就職・採用活動開始時期変更後の考え方である。

Part 6　インターンシップの基本資料

資料4

「インターンシップの推進等に関する調査研究協力者会議」の設置について

平成28年6月16日
文部科学省
高等教育局長

1．目的
　大学等におけるインターンシップについては、文部科学省、厚生労働省、経済産業省の三省により、インターンシップに関する共通した基本的認識及び今後の推進方策の在り方等を定めた「インターンシップの推進に当たっての基本的考え方」（平成9年9月18日策定、平成26年4月8日一部改正）に基づき推進を図っているところであるが、インターンシップの現状や課題、大学等における実施状況等を踏まえ、適正なインターンシップの普及に向けた方策やさらなる推進に向けた具体的な方策等を検討するため、有識者による「インターンシップの推進等に関する調査研究協力者会議」（以下、「協力者会議」という。）を設置する

2．調査研究事項
　（1）　適正なインターンシップの普及に向けた方策について
　（2）　インターンシップの具体的な推進方策について
　（3）　その他必要事項

3．実施方法等
　（1）　別紙の有識者の協力を得て、上記2に掲げる事項について検討を行う。
　（2）　協力者会議に座長を置き、委員の互選により選任するものとする。
　（3）　協力者会議は、必要に応じて、委員以外の者を参画させることができる。

4．委嘱期間
　平成28年6月16日から平成29年3月31日

5．その他
　（1）　この協力者会議に関する庶務は、厚生労働省職業安定局派遣・有期労働対策部企画課若年者雇用対策室及び経済産業省経済産業政策局産業人材政策室と連携し、文部科学省高等教育局専門教育課において処理する。
　（2）　その他会議の運営に関する事項は、必要に応じ協力者会議に諮って定める。

資料4

> 別紙

インターンシップの推進等に関する調査研究協力者会議 委員名簿

五十嵐敦	福島大学　総合教育研究センター　キャリア研究部門　教授
岡崎仁美	公益社団法人　全国求人情報協会　新卒等若年雇用部会　事務局 株式会社リクルートキャリア　就職みらい研究所　所長
荻上紘一	東京都立大学名誉教授、大学評価・学位授与機構名誉教授 前大妻女子大学学長
加藤敏明	元立命館大学教授
小林　信	全国中小企業団体中央会　事務局次長
小林治彦	日本商工会議所　産業政策第二部長
高橋弘行	一般社団法人　日本経済団体連合会　労働政策本部長
崔　耿美	九州インターンシップ推進協議会　事務局次長
深澤晶久	実践女子大学　大学教育研究センター　特任教授
藤巻正志	公益社団法人　経済同友会　執行役
堀　有喜衣	独立行政法人　労働政策研究・研修機構　主任研究員
松高　政	京都産業大学　経営学部　准教授
門間由記子	いしかわ就職・定住サポートセンター（ジョブカフェ石川） インターンシップコーディネーター

計13名（敬称略・五十音順）

あとがき

　本書の出版計画は、2015年に『インターンシップ入門——就活力・仕事力を身につける』（玉川大学出版部）の発刊と同時に始まりました。インターンシップの普及・促進がますます加速化していくなかで、わが国のインターンシップをできるだけイメージしやすいかたちで紹介し、より効果的にインターンシップを行うためのガイドとなるものを作成しなければならないという課題意識は、本書の編著者に共通するものでした。しかし、この課題意識は、日本インターンシップ学会東日本支部（旧 日本インターンシップ学会関東支部）に所属し、全国各地で活躍されている研究者・企業担当者の方々にも共通したものでした。そのため、本書の執筆には、日本インターンシップ学会東日本支部の多くの会員の方々にご協力いただいています。なかには、執筆をきっかけに、学会に入会していただいた方もいらっしゃいます。

　本書の事例を見ていただければ、インターンシップがもはや特定の分野に限られたものではないことが一目瞭然です。今日、インターンシップは、それぞれの分野において独自の発展を遂げ、細分化されています。そのため、本書の出版の過程では、構成や執筆の依頼など、さまざまな困難に直面し、これらを克服するための多くの時間が費やされることになりました。しかしながら、これは、本書の内容の充実を裏付けるものでもあります。

　本書を刊行するに当たり、本書の出版の目的にご賛同いただき、多大なお力添えを賜りました古閑博美先生をはじめとする執筆者の方々に重ねてお礼申し上げますとともに、編集作業全般にわたり多大なご尽力をいただいた玉川大学出版部の森貴志氏、相馬さやか氏に深くお礼申し上げます。

2017年3月　編者一同

●執筆者一覧（敬称略）※2017年3月現在

【編者・執筆者】
折戸晴雄（玉川大学）
根木良友（玉川大学）
山口圭介（玉川大学）

【執筆者】
大島愼子（筑波学院大学）
菊原武史（駒澤大学）
佐久間裕之（玉川大学）
松浦俊介（関市ビジネスサポートセンター Seki-Biz）
松坂暢浩（山形大学）

【事例・基礎用語担当者】
井上泰日子（獨協大学）
牛山佳菜代（目白大学）
小野展克（嘉悦大学）
上岡史郎（目白大学短期大学部）
川辺憲一（ものつくり大学）
古閑博美（嘉悦大学）
小林直樹（玉川大学）
白鳥成彦（嘉悦大学）
鈴木　恵（横浜創英大学）
髙橋　愛（玉川大学）
髙橋修一郎（高崎商科大学短期大学部）
高橋哲夫（文化学園大学）
高橋保雄（アニモプラス株式会社）
田口智基（株式会社ゼルビア）
田澤里喜（玉川大学）
田村明子（新潟大学）
手嶋慎介（愛知東邦大学）
那須幸雄（元文教大学）
二上武生（工学院大学）
西尾典洋（目白大学）
比良田健一（町田市教育センター）
道畑美希（東洋大学）
宮田　篤（青森中央短期大学）
宮本伸子（ものつくり大学）
薬師丸正二郎（立教大学）
矢嶋敏朗（株式会社日本旅行）
山田信幸（玉川大学）
横山皓一（株式会社SKY経営研究所）
吉田雅也（明海大学）
吉原元子（山形大学）

インターンシップ実践ガイド
大学と企業の連携

2017年4月20日　初版第1刷発行

監修者	日本インターンシップ学会東日本支部
編　者	折戸晴雄・根木良友・山口圭介
発行者	小原芳明
発行所	玉川大学出版部

〒194-8610　東京都町田市玉川学園6-1-1
TEL 042-739-8935　FAX 042-739-8940
http://www.tamagawa.jp/up/
振替 00180-7-26665

装　丁————しまうまデザイン
印刷・製本——創栄図書印刷株式会社

乱丁・落丁本はお取り替えいたします。
©Japan Society of Internship and Work Intergrated Learning, Higashi-Nihon Branch 2017　Printed in Japan
ISBN 978-4-472-40529-7 C3037 / NDC 377